Lb 49 664

AF257238

7952

CINQUIÈME LETTRE

À M. LE RÉDACTEUR DU JOURNAL DES DÉBATS

SUR

LES AFFAIRES PUBLIQUES,

Par N. A. DE SALVANDY.

PARIS,

A. SAUTELET et C°, LIBRAIRES,

PLACE DE LA BOURSE.

16 août 1827.

TABLE DES MATIÈRES.

CINQUIÈME LETTRE

A

M. LE RÉDACTEUR DU JOURNAL DES DÉBATS.

———————✦———————

Monsieur,

La mort de M. Canning occupe et remplit tout.
Sur cette catastrophe roulent tous les entretiens do-
mestiques, toutes les combinaisons de parti, toutes
les alarmes, toutes les joies peut-être. Jamais la tombe,
en se refermant sur un homme d'état illustre, ne produisit tant de retentissement dans les contrées étran-
gères. La place que le ministre anglais tenait dans le
monde, peut se mesurer exactement par le vide qu'il
a paru laisser dans nos propres affaires, et ses admi-
rateurs d'en-deçà du détroit frapperont difficilement
à sa gloire des médailles aussi expressives que cette
simple question qu'on s'adresse partout, depuis quelques jours, dans le château comme dans la cité : qu'en
arrivera-t-il pour la France?

M. Canning était l'homme le plus important de son
pays, et ce qui l'atteste, c'est que lorsque mylord
Londonderry sortit du ministère par le suicide, tous
les regards se fixèrent sur son ancien rival sans hési-
tation et sans partage. Son roi ne le choisit point.
L'Angleterre, l'Europe, le monde l'avait nommé.

1

Aujourd'hui, vingt successeurs se présentent. Mais il n'y a pas un héritier. Le vieux, le grand chêne est abattu. Georges IV et son peuple ont le choix, et peuvent flotter entre les rejetons.

Un homme qui était arrivé à ces hauteurs dans un pays où tous les talens croissent et prennent en paix leur niveau comme sur une terre féconde, sous un jour protecteur, cet homme mérite les regrets de tout ce qu'il y a dans le monde entier de cœurs droits et de bons esprits. Car il faut et de la vertu et du génie pour forcer ainsi les hommages d'une nation éclairée, pour conquérir ainsi la puissance chez une nation libre. Et qu'on le sache bien : les hommes supérieurs sont ceux qu'on doit préférer à tous autres pour les avoir à côté de soi ou devant soi.

Ce sont les amis les meilleurs et les meilleurs ennemis. Alliés pleins de puissance, adversaires enclins à la modération et à la justice, ils ne sont ni haineux, ni opiniâtres, ni vindicatifs, ni destructeurs. Les passions ne vont pas avec le génie. La pire inimitié est celle de la médiocrité.

Je suis loin de croire, monsieur, que Canning ait eu ni une vie exempte de torts, ni un ministère exempt de fautes. Dans la dernière lettre que vous avez reçue de moi je signalais les points faibles de sa politique dans la conduite des affaires du Portugal. Le cours de la dernière session fournirait aisément d'autres témoignages de cette jeunesse d'esprit qui s'allie quelquefois à la maturité d'une longue expérience, et semble marquer un front blanchi de l'attachante empreinte de la pureté de conscience et de la chaleur d'ame. Mais ces entraînemens passagers dans des questions de détail, et si l'on veut ces erreurs qui d'ordinaire sont suivies d'habiles retours et préparent, par des difficultés de plus, de plus belles victoires, ne prouvent point contre les conceptions générales, contre des plans tout entiers. L'homme qui exerçait sur les autres hommes l'empire que nous avons vu avait reçu du ciel une raison puissante ; et on peut affirmer à coup sûr que là où il avait fixé son drapeau, là était l'utilité, la force, la sagesse. Là était en quelque sorte la nécessité.

M. Canning, dans ses derniers momens, a dû trouver amère la coupe que lui offrait le sort. Il est tombé, comme un soldat dans l'assaut, sur le faîte des positions ennemies ; mais quand il y avait encore combat, quand il lui fallait du temps pour couronner et ennoblir sa victoire. Il est tombé, après avoir conquis la puissance, mais avant de l'avoir affermie par ces utiles travaux qui donnent seuls du prix à la grandeur et par ces pacifiques succès qui font la gloire.

Il avait à justifier sa fortune, à confirmer sa renommée, en prouvant qu'il avait compris les besoins impérieux, suivi l'inévitable loi, tracé la politique obligée de l'Angleterre. Ce qu'il n'a point fait, l'avenir le fera pour lui.

On éprouve une douleur sincère à voir un de nos journaux, par un déplorable emportement ou une méprise étrange, poursuivre M. Canning, jusque dans la tombe, des noms de fauteur et d'apôtre du radicalisme. C'est oublier son histoire ; c'est méconnaître son caractère ; c'est faire violence au présent comme au passé et fermer les yeux à la clarté du jour.

La révolution française ne compta point d'ennemi

plus décidé ni plus chaleureux que le jeune Canning;
il a persévéré dans ce sentiment toute sa vie; et si,
dans ses dernières années, le même talent qui fou-
droya nos philanthropes cosmopolites promulgua la
maxime : liberté civile et religieuse dans tout l'univers,
faut-il voir en lui un déserteur de ses premières en-
seignes, un coryphée de destructions et d'anarchie?
Dieu nous en préserve! Sachons reconnaître que dans
le monde tout a changé, et non pas lui.

On doit le dire : ces accusations reposent sur quelque chose de cruel et d'inique. On se fait arme
contre M. Canning vivant ou mort des embarras de sa
fortune naissante, des difficultés dont il triompha, et
en quelque sorte des débris de la couche épaisse de
conventions, d'hiérarchies contraires, qu'il eut à percer
pour arriver jusque sur le premier siège du parlement et
des conseils du trône. On feint de croire qu'il se ran-
gea du côté des droits et des libertés des peuples par
on ne sait quelle aversion pour les supériorités sociales
qui avaient pu importuner son orgueil. Misérable im-
posture du dépit et de la haine! Si de tels sentimens
avaient trouvé place dans son ame, ç'aurait été quand
il se trouva, jeune et sans secours, n'ayant d'autre
force que la conscience de son génie, aux prises avec
une société dans le sein de laquelle il ne semblait pas
y avoir de place pour lui. Et précisément alors l'aristocratie anglaise le compta parmi les gardiens vigilans
de sa puissance. C'est plein d'ans et de gloire, illustre
entre tous les hommes d'état des trois royaumes,
grand par les charges, par les succès de cabinet, par
les respects publics, par tout ce qui marche, dans
l'Angleterre même, de pair avec la naissance, c'est

assis aux conseils et à la table des rois, qu'il s'est mis à prendre fait et cause pour les peuples. Il faut donc chercher à sa politique de plus dignes motifs, et à tout le moins de plus nobles excuses.

Des hommes perdus de débauches et doués d'un médiocre génie peuvent, méprisables Catilinas, prendre l'ordre social en haine par ressentiment d'une position fausse. Mais de nobles créatures telles que M. Canning ont une autre ambition. C'est dans les rangs superbes qui les repoussent qu'ils veulent se faire jour et s'établir à force d'honorables services. Leur fierté serait trop blessée de croire qu'ils ne portent pas en soi de quoi compenser les disgrâces du sort; et quiconque a connu M. Canning oserait assurer que si, en ce qui touchait les destins de sa patrie, il écouta jamais les conseils de sa situation personnelle, ce fut lorsque les torys trouvèrent en lui un ardent champion. Si jamais il eut à se dompter, à se faire violence, ce fut lorsqu'il tendit aux wighs une main fraternelle; et sûrement, avec son irritabilité de jeune homme, des suppositions injurieuses, telles que celles que je combats, ont de beaucoup hâté l'heure qui devait être la dernière de sa grande vie.

C'est donc en dehors lui, monsieur, que nous trouverons le mot de l'énigme qui nous occupe. Hélas! ce mot qu'on s'obstine à ne pas lire est écrit dans toutes les ruines qui nous entourent. Encore une fois, ce mot est la nécessité.

C'est la grande erreur, ou plutôt c'est le perpétuel sophisme de ceux qui nous régissent, de penser que tout ami des institutions libres eût été un sectateur de la révolution française, et de vouloir que quiconque combattit cette révolution dans ses débordemens s'établisse, pour être conséquent à soi-même, en éternelle hostilité contre le vœu des nations et l'esprit de liberté. La révolution fut le désordre, la démolition, l'anarchie. Les libertés légales sont l'ordre et la paix. On a pu détester la première, adorer les secondes, sans être infidèle à ses dieux. C'est desservir toujours les mêmes autels.

La révolution française fut surtout menaçante pour l'Angleterre ; ses envahissemens eussent été la subversion, la ruine totale. La plupart des gens de bien firent un rempart de leurs corps aux hiérarchies et aux institutions de leur pays. Ils défendirent contre les niveleurs l'ouvrage des lois, l'ouvrage du temps, et Canning les imita.

Aujourd'hui, dans la moitié du monde, la prescription est acquise aux immunités nationales. Les défendre, c'est maintenir l'ouvrage des lois, l'ouvrage des mœurs, l'ouvrage du temps. Là se réunissent tous les intérêts et tous les élémens de la stabilité. Les gens de bien s'y sont attachés comme à l'ancre de salut, et Canning les imita.

L'Angleterre n'avait pas le choix de sa politique. Il lui fallait opter entre le système qu'elle a pris ou le suicide. Lord Castelreagh le reconnut trop tard, et il eut du moins cette gloire de ne vouloir ni s'obstiner dans ses fautes, ni prendre sa patrie pour victime. Ce ne fut pas elle qu'il immola.

La vie de M. Canning a été le commentaire de la mort de lord Londonderry. Cette mort est la justification du ministère de M. Canning.

Le vieux ministre anglais était tombé dans la mé-

prise qu'on nous recommande passionnément. Parce
que Pitt avait fait la guerre à une démagogie envahis-
sante et subversive, il se crut obligé de pourchasser
dans tout l'univers l'innocente liberté, ses droits et
ses réparations. En quelques années de ce système,
les peuples et les rois oublièrent qu'il y eût ici-bas
un empire britannique. L'Angleterre disparut comme
perdue dans son Océan; le détroit devint tout un
Atlantique. Exilée d'Europe, la Grande-Bretagne ne
compta que comme une dépendance et tout au plus
une avant-garde du continent américain.

Rappelez-vous, monsieur, quelle fut la contenance
du gouvernement anglais à Troppau, à Laybach, et
même à Vérone: la plus misérable que puissent avoir
les représentans d'un grand peuple. Les cabinets ne
les consultaient plus; les partis se jouaient d'eux; et
c'étaient les mêmes hommes dont la main puissante
avait soldé tous les rois, enrégimenté tous les peuples,
déchaîné sur la puissance impériale toutes les tempêtes du nord et du midi! Napoléon semblait les avoir
entraînés dans sa chute.

M. Canning parut au gouvernail, et l'Angleterre
sortit des nuages qui la tenaient cachée. Elle compta
dans les conseils de l'Europe; sa parole fut puissante;
son bras atteignit partout; l'Amérique s'émancipa sous
sa curatelle; la Sainte-Alliance s'évanouit devant sa
disgrace. Quel miracle produisit ces changemens?

Ce miracle, M. Canning ne l'a point opéré. D'autres ont cette gloire. C'est nous, ce sont nos principes et nos maximes qui ont fait sa politique.

Je ne prétends pas accuser ici les conseils des rois:
après la délivrance de 1814, l'effervescence des na-

tions ébranlées par de si grands coups fut vive et longue. Les couronnes prirent l'alarme, et l'alliance, qui avait été formée pour assurer la paix des États, se trouva entraînée à mettre cette paix précieuse en péril, par une imprudente opposition aux plus légitimes vœux. Ce sont là les inévitables enchaînemens des choses humaines : on le conçoit ; mais les conséquences de nos fautes ne pouvaient se faire attendre ; sachons les subir comme réparations et comme enseignemens.

L'Angleterre, qui n'est point une puissance continentale, tombait au-dessous de la Prusse dans la ligue offensive et défensive du Continent. L'Angleterre, dont le gouvernement représentatif est l'esprit et l'ame, tombait au niveau du Danemarck en se coalisant pour la ruine des tribunes.

Mais supposez que, toutes les libertés du genre humain étant fugitives ou menacées, elle prît fait et cause pour les peuples suppliants, qu'elle choisît pour devise ce qui était le vœu de toutes les nations et le droit de plusieurs, qu'elle affrontât la sainte-alliance maîtresse souveraine des cours, et conviât tous les hommes à une alliance contraire, alors elle trouvait une force partout où il y avait une oppression ou une espérance ; et c'est précisément ce qu'elle a fait.

Pouvait-elle ne pas faire ainsi, quand il y avait ligue armée contre les gouvernemens libres ? N'était-il pas manifeste que ceux dont le bras abattait les tribunes germaniques priaient Dieu dans le fond du cœur de leur envoyer quelque jour la force d'atteindre jusqu'aux voûtes de Westminster ?

Ainsi, les déterminations de la Grande-Bretagne sont

nées de ses intérêts et de ses lois. Toujours consé-
quente, en 93 elle avait agi conformément au principe de sa constitution sociale, qui est l'aristocratie.
En 1827, elle agit conformément au principe de sa
constitution politique, qui est la liberté.

La France, monarchique et constitutionnelle, avait
un moyen facile d'embarrasser la diplomatie anglaise :
c'était de se porter dans tout l'univers pour médiatrice
entre les couronnes alarmées et les peuples souffrans.
En ce temps-là, nous l'aurions pu. Nos voisins dès-
lors ne pouvaient plus que marcher à nos côtés dans
cette voie où nous appelaient des institutions communes ; ou bien, s'ils prenaient fait et cause pour le
pouvoir absolu, et disparaissaient derrière l'Autriche ;
s'ils voulaient la liberté plus chaudement que nous,
ils arrivaient à l'anarchie. Dans tous les cas, ils étaient
hors de base ; le double principe de leur organisation
se trouvait lésé. Nous ne l'avons pas voulu.

La grandeur de nos fautes éclate dans ce qui vient
de se passer. Ce que nous aurions pu être pour le
monde, M. Canning l'a été pour nous. Nous nous
sommes sentis atteints du coup qui l'a frappé : nous
avons eu ce spectacle tout-à-fait nouveau de la France
suspendue au dernier souffle d'un ministre anglais. En
lui laissant la politique qui convenait à notre patrie,
nous avons adopté la politique de lord Castelreagh ;
lui donnant les grandeurs, nous avons pris pour nous
les abaissemens et les misères.

Ceux qui pleurent sa mort, comme s'ils avaient
perdu leur dernier appui, ceux qui s'efforcent de dé-
vorer leur joie, ceux qui tressaillent d'avoir perdu
leur dernière entrave, tous sont également abusés

dans leur douleur ou dans leur victoire. Il n'y a dans le cercueil de M. Canning que des talents et des vertus ensevelis. Sa politique n'y est pas descendue. Car c'est la politique de l'Angleterre; et elle est vivante, elle est forte comme un peuple qui a depuis long-temps l'habitude de fixer lui-même ses destinées.

Voici très-probablement tout ce qui va se passer.

Le ministère restera ce que le firent le roi, M. Canning et le temps. Seulement, le duc de Wellington reprendra le commandement des armées. Il pourra se faire encore que M. Peel rentre dans le conseil. Protestant passionné, enclin à une pieuse haine pour tout ce qui porte le nom catholique, tory réformateur qui s'est honoré par son antipathie pour les lois barbares, par son application à les tempérer, il sera sans tendresse pour les influences qui dominent le continent. Lord Landsdown, esprit net et ferme, ne voudra, ni ne saura se plier aux intérêts de nos coteries dominantes. Lord Holland et peut-être lord Grey entreront en partage d'une influence directe sur la marche des conseils, et on sait quelles doctrines, quels intérêts servira volontiers cette influence puissante. L'esprit positif et vaste de M. Huskisson, celui de son ami lord Goderich, auront de la peine à entrer dans les utopies apostoliques dont se compose toute la politique de notre cabinet; et tous les jours de la vie, le ministère de France regrettera l'absence éternelle de ce médiateur facile que mille liens attachaient aux souvenirs et aux affections de sa jeunesse, qui se serait trouvé peu bénévole pour des révolutions nouvelles en haine de la vieille révolution qu'il combattit, que les habitudes de son caractère et de son esprit promettaient toujours pour allié à ceux dont les passions le prenaient avec acharnement pour ennemi.

Puissent-ils du moins apprendre alors que les hommes supérieurs sont bons à quelque chose dans ce monde ! Souvent obstacles importuns, ils sont tout aussi souvent des digues puissantes : les bancs de sables sont entraînés par toutes les vagues ; ils n'en arrêtent aucune.

Cependant, nos ministres ne tombent, ne changent, n'apprennent, ni ne meurent, ni ne vivent peut-être. L'univers se meut sans profit autour d'eux. La fortune multiplie ses instructions sans qu'ils l'entendent. S'ils ont ouï dire que M. Canning est mort, ils n'y auront vu que leur délivrance d'un rival incommode, et se seront réjouis d'être échappé à des mépris qui tombaient de si haut. La mort leur a rendu le service de censurer à sa manière M. Canning.

Ainsi, nul doute que le cabinet ne s'engage davantage dans ses fausses voies ; qu'il ne prenne de la hardiesse dans ce qui devrait l'épouvanter ; qu'il ne fasse sortir des périls nouveaux d'un nouveau malheur. M. Canning les aura ainsi compromis, comme du fond même de son tombeau.

De cette sorte, nous nous jetterons de plus en plus loin des principes, loin des conséquences de la monarchie constitutionnelle qui nous régit ; et comme l'Angleterre se fixera davantage aux doctrines qui sont l'essence de sa constitution et l'aliment de ses prospérités, il est moins difficile de prévoir que de dire ce qui sortira de ces contrastes. Plus la liberté, plus la civilisation seront chères à nos voisins, plus nos guides se proclameront ennemis de la civilisation et de la liberté. Les Français, en regardant sur l'autre rivage, verront le tombeau de M. Canning dans le dernier séjour des rois, une constitution inviolable et toute-puissante, la presse libre comme la parole, l'industrie propagée, les talens en honneur, la jeunesse appelée aux affaires, les réformes introduites dans les lois, la cause de la tolérance défendue et gagnée : le ministère britannique verra parmi nous M. de Villèle inébran-lable, la société de Jésus triomphante, le talent proscrit, tous les droits violés, l'intolérance enfin, l'arbitraire, la censure ; et comme les deux nations ont mille inté-rêts qui se heurtent et se croisent, comment dire quels chocs terribles préparent cette double perspec-tive et ce double parallèle !

OPPOSITION DES DEUX CABINETS.

Le ministère comprend ces périls ; car déjà il in-terdit tout rapprochement aux Français. La censure supprime soigneusement des passages, tels que le sui-vant :

—Une invasion de l'Espagne, qu'aucun motif ne pouvait justifier, a été rendue par l'adresse de M. Canning à peu près aussi nulle dans son résultat qu'elle était injuste dans son ori-gine, et le monde a pu comparer cette conduite d'une puis-sance étrangère envers l'Espagne au bonheur conféré par l'An-gleterre aux Américains.

(Rognure du *Constitutionnel.*)

L'antipathie des deux principes et des deux mi-nistères est depuis long-temps officiellement déclarée. Le *Moniteur* avait déjà entamé de vives hostilités contre M. Canning vivant : la censure y avait pris part en interdisant au *Constitutionnel* la publication d'une

lettre particulière évidemment écrite de haut lieu ,
qui, développant d'une manière presque officielle la
politique du ministre anglais, semblait creuser le détroit, bien autrement profond que le Pas-de-Calais ,
par lequel les deux gouvernemens sont désormais sé-
parés. Je joins ici des fragmens de ce document remarquable :

Une si grande et si noble carrière est ouverte devant M. Canning, que, pour accroître la haute renommée qu'il s'est déjà
acquise, il ne s'agit plus pour lui que de continuer comme il a
commencé.

Dans les circonstances graves où se trouve l'Europe, sur le
point d'être engagée dans une croisade en faveur de la religion,
de la liberté et de la civilisation, tout homme raisonnable n'hé-
sitera pas à affirmer qu'il y aurait au moins une imprudence
inexcusable à précipiter son jugement sur celui des ministres
européens qui, seul peut-être, a donné jusqu'à ce jour de
hautes garanties de son vif désir de voir, sous la protection
britannique, commencer pour toute la terre l'ère des gouvernemens libres et représentatifs. Tous ses actes démontrent
que, conséquent en tout avec la noble devise qu'il a adoptée,
le but unique de ce ministre est de conserver la position su-
prême de pouvoir et d'influence où il a replacé l'Angleterre,
sans engager cette puissance et l'Europe elle-même dans une
guerre qui ne pourrait commencer aujourd'hui sans devenir
bientôt générale, et compromettre ainsi, à un degré presque
égal, les libertés des peuples et l'indépendance des couronnes.

Nul doute que, dans l'alternative de voir triompher les
principes de l'absolutisme et les superstitions qu'il traîne à sa
suite, une guerre universelle ne fût mille fois préférable. Le
devoir de tout ce qui pense, de tout ce qui a quelque sentiment
de sa dignité en Europe, serait sans doute, dans ce cas, de
prendre les armes pour une aussi sainte cause; mais si, comme
tout porte à le croire, les seuls principes du gouvernement
représentatif, dont le point d'appui le plus solide est en Angleterre, peuvent prévaloir sans qu'il soit nécessaire de recou-

rir à cette ressource désespérée : si des considérations politiques d'un ordre supérieur, et dont tous les hommes qui ont
quelque habitude des grands intérêts d'état se rendront facile-
ment compte, exigent qu'on écarte le fléau de la guerre aussi
long-temps qu'il sera possible (bien que nous entrevoyions
malheureusement qu'en définitive tous les efforts de la pru-
dence humaine finiront par être impuissans contre le vertige
politique et religieux qui entraîne quelques-uns des grands cabinets de l'Europe), de quel droit et dans quel but accuserait-
on le ministre qui, par ces considérations dont il est, par sa
position, mieux en état que personne d'apprécier l'importance,
apporte tous ses soins à éloigner la crise violente que semblent
vouloir accélérer ces cabinets, en privant les peuples de la
juste mesure de liberté qu'ils tiennent de Dieu?

Si, comme tout le démontre jusqu'ici, ce but, si parfaite-
ment d'accord avec la noble devise de M. Canning, est celui
auquel aient constamment tendu tous les actes de ce ministre,
c'est bien franchement que j'affirme ne pouvoir m'expliquer
comment, parmi les vrais royalistes, que je ne vois maintenant
que dans les sincères amis des institutions constitutionnelles,
il en est un seul qui hésite à se rallier au ministre courageux et
habile qui, bien qu'il soit peut-être le seul homme d'état de
l'Europe qui ait compris son siècle, ne doit néanmoins parler
aux cabinets qui la gouvernent qu'un langage qui puisse être
entendu d'eux, s'il veut les ramener progressivement, par le
sentiment de leur propre intérêt, à embrasser pour eux-mêmes
les hautes vues de sa politique, laquelle, réduite à son expression la plus exacte, n'est autre chose que la raison et la justice
éclairées par l'expérience. Je partage donc moins que jamais les
alarmes que vous m'exprimez sur la possibilité d'un changement
dans les nouveaux principes politiques adoptés par notre cabinet. Je les partage d'autant moins, qu'on m'assure qu'il y a peu
de jours encore, le roi s'est expliqué plus fortement qu'il ne
l'avait fait jusqu'ici sur la volonté ferme et invariable où est
S. M. de maintenir le ministre de son choix contre la ligue
obstinée des ennemis personnels de ce ministre, qui ne sont
pas moins ceux des prérogatives constitutionnelles de la cou-

ronne. Il est une classe d'hommes ardens, superficiels, qui, dans tous les temps et dans tous les partis, ont fait un mal incalculable à la cause pour laquelle ils prétendaient se dévouer : ce sont ceux qui trouvent toujours *qu'en politique on ne va jamais ni assez fort ni assez vite :* le nombre de ces hommes diminue rapidement de jour en jour, parce que, les faits parlant plus haut que les passions, ils commencent à s'apercevoir que jusqu'à la rentrée du parlement, cette réponse pourrait bien être la seule qu'ils obtiendront de M. Canning, auquel vous ne pensez pas plus que moi qu'il reste beaucoup de temps pour se livrer à une semblable polémique....

(Rognure du *Constitutionnel.*)

Quand la censure frappait ainsi, autant qu'il était en elle, le chef des conseils britanniques, une puissance plus grande portait à ce ministre de plus rudes coups, et la censure a continué la guerre contre sa mémoire.

Les opinions peuvent être partagées sur l'opportunité des témoignages inusités de sympathie et de respect que quelques Français honorables ont voulu décerner au grand homme d'état qui n'était plus, et au monarque qui l'avait pris pour dépositaire de sa politique. Mais pourquoi supprimer dans le *Courrier Français* une lettre de M. Emmanuel de Las Cazes qui motivait son offrande ? Pourquoi supprimer les listes de souscription ci-jointes ?

— Les propriétaires du *Constitutionnel* s'étaient, dès hier, empressés de souscrire. M. Charles Dupin a souscrit pour 100 fr. ; M. Buchon, pour 20 fr. ; M. Etienne, pour 20 fr. ; M. Gilbert des Voisins, 20 fr. ; M. J. Laffitte, député, 500 f. ; M. Rothschild, 500 fr. ; M. Félix Bodin, 20 fr. ; les propriétaires du *Constitutionnel*, 500 fr. ; M. Benjamin Delessert,

5oo fr. ; M. le comte Alexandre de La Rochefoucauld, 5o fr. ;
M. Année, 5 fr. ; M. Thiers, 5 fr.

(Rognure du *Constitutionne l.*)

— Il a été versé aujourd'hui au bureau du *Courrier Français*, pour la médaille de M. Canning : par MM. de Las Cases
fils, 100 f. ; M. Odiot père, 4o f. ; Paléologue, Grec, ancien
diplomate, 10 f. ; G. Bontemps, 5 f. ; P.-D. Lyonnet, 2 f. ;
A. Claudet, 5 f. ; F. Claudet, 5 f. ; Supiot, 2 f. ; Bordenave
père, 2 f. ; Leplène, ancien négociant, 1 f. ; Arthur O'Don-
nel, 5 f. ; Louis-Jacques Duhamel, 6 f. ; H. R....., 5 fr.
Total, 188.

(Rognure du *Courrier Français.*)

MM. Ternaux l'aîné, 3o f. (en faisant observer qu'il aurait
donné beaucoup plus, s'il n'eût pensé qu'un grand nombre
de personnes voudraient souscrire) ; Guérin de Foncin, 10 f. ;
F. Larreguy, 10 f. ; MM. Privilége aîné, Privilége jeune, Antiprivilége aîné, Antiprivilége jeune (ensemble), 5 f. ; Arnaud
et Fournier, constructeurs de machines, 10 f. ; A. Cambacérès
et comp., 5 f. ; P. F. Paravey, 5o f. ; Ch. Saglio, 5 f. ; C. Paravey, 5 f. ; E. Paravey, 5 f. ; G. Monier, 5 f. ; A. Guibert, 5 f. ;
Orr, 10 f. ; Goldsmid, 10 f. ; Viquenel, 5 f. ; Guichard, 5 f. ;
Cornu, 5 f. ; le colonel Rewight 5 f. ; Bickett, 5 f. ; Greathed,
5 f. ; Martin, 2 f. ; Bictry, 2 f. ; Andelle, 5 f. ; J. B. Marinpoy,
5 f. ; Laîné, négociant, 5 f. ; Adolphe Blanqui, 5 f. ; A. Guil-
lemé, 2 f. ; Deluchi, 5 f.

Ont souscrit : MM. Charles Dupin pour 100 f. ; J. Laffitte
pour 5oo f. ; B. Delessert pour 5oo f. ; Rothschild, 5oo f. ;
Alexandre de La Rochefoucauld, 5o f.

Nous apprenons que M. le vicomte de Châteaubriand et
M. le marquis d'Osmond, pairs de France, qui tous deux ont
été ambassadeurs en Angleterre, sont aussi au nombre des
souscripteurs.

Les souscriptions reçues de diverses parts s'élèvent à environ
4,000 fr. (Rognure du *Journal du Commerce.*)

AFFAIRES D'ESPAGNE.

L'Espagne, vieux champ de bataille des principes contraires, vieux théâtre des combats de Rome et de Carthage, semble destinée à des chocs plus grands. Là, le génie auquel le ministère prétend livrer nos destinées, exerce à plaisir ses fureurs et ses ravages. Là, l'Angleterre a essayé de transplanter le sien et de faire croître à son ombre des institutions tutélaires et fécondes. Le *Moniteur* brûle de les voir abattues. Il appelle de tous ses vœux l'infant Don Miguel qui traitera les lois de son frère Don Pedro comme il traita le favori de son père, et, pour que nous puissions voir sans frémir le régime qu'on prépare au Portugal, il faut voiler à nos regards celui qu'on a infligé à la monarchie de Philippe V : la malheureuse Espagne est en feu.

Madrid, 3o juillet

— Un détachement de *zeladores-reales* (espèce de gendarmerie), qui était allé la semaine dernière à Talaveira, escortant une quantité d'argent destinée au service de l'armée d'observation, a déserté en chemin ; mais il ne l'a fait qu'après s'être emparé de l'argent, et l'avoir partagé. On assure qu'ils se sont tous rendus en Portugal avec leur butin.

Le mauvais état de notre trésor faisant craindre au trésorier-général que, dans un moment critique, on ne le contraigne (et cela ne serait pas sans exemple) à faire des avances de ses propres deniers, a donné sa démission ; mais le ministre des finances, qui a eu beaucoup de peine pour trouver un trésorier-général lors de la mort du dernier, n'a pas agréé cette démission ; et, pour empêcher le trésorier d'insister, il l'a assuré qu'il n'avait rien à craindre, pourvu qu'il se tînt toujours en mesure de fournir aux besoins de la maison du roi.

— Le général Quesada est capitaine-général de Séville. C'est un des premiers officiers-généraux qui ait levé l'étendard de l'insurrection en faveur du trône et de l'autel, et celui qui était à la tête de l'armée dite *de la Foi*, lorsque cette armée formait l'avant-garde des corps français qui envahirent l'Espagne en 1823. Le parti monarchique lui a donc d'immenses obligations. Mais le général Quesada, quoique dévoué à l'ordre actuel des choses, est un homme instruit, à idées nobles et généreuses, ayant professé une sage modération au milieu de l'exaltation effrenée qui l'entourait, et dont il a tempéré parfois les déplorables effets. Différentes dénonciations ont été faites contre cet officier-général ; on l'a peint comme un franc-maçon, comme un libéral, comme un républicain ; on a demandé, mais en vain, sa destitution. Il semble qu'alors on se soit décidé à le brûler vif. On a mis le feu à son palais, et le général eût été consumé par les flammes, si un domestique fidèle ne se fût précipité dans sa chambre en criant : « *Le feu* » *est aux quatre coins du palais! impossible de l'éteindre!* » Le général saute de son lit et parvient à se sauver de cet immense danger, non sans quelques brûlures assez graves, et sans s'exposer à un autre qui semblait emprunté aussi de l'antiquité. Quand les incendiaires virent que leur victime leur échappait, ils voulurent le lapider, et ce ne fut, en sortant d'un volcan de flammes, qu'à travers un déluge de pierres qu'il parvint à se mettre en sûreté.

(Rognures du Journal des Débats.)

— Il paraît, d'après des lettres que nous venons de lire, que l'Andalousie, et principalement Séville, viennent d'être le théâtre de troubles très-sérieux, et que le procès qui s'instruit à Séville au sujet de l'incendie de l'hôtel de la capitainerie-générale, a été l'occasion de ces troubles. Il paraît prouvé que le clergé de Séville a été le principal mobile de cet incendie, dont les volontaires royalistes n'ont été que l'instrument ; et il ne paraît pas moins certain que S. Em. Mgr. le cardinal archevêque de Séville, Cienfugos, a pris quelque part à cet événement. Ce qu'il y a de positif, c'est que les troubles auxquels a donné lieu cette procédure ont été de la nature la plus grave, qu'ils ont éclaté le même jour dans plusieurs villes, et qu'il y a eu du sang de répandu. Une remarque qui n'a pas échappé aux observateurs, c'est que dans une représentation adressée au roi contre le général Quesada, et même contre don Josef Manuel de Arjona, l'un capitaine-général, l'autre *asistente* de Séville, par l'élite des apostoliques d'Andalousie, il est dit : « Sire, si ces magistrats indignes de la confiance de » V. M. continuent à commander à Séville, il est indubitable » que, le jour où elle s'y attendra le moins, V. M. aura la dou- » leur de voir toutes les Andalousies en feu. »

— Depuis deux jours les juges du tribunal criminel font des rondes pendant la nuit ; les troupes sont sur le *qui vive* dans les casernes, et cependant personne ne connaît quel est le motif de ces précautions, qui ne sont jamais employées que lors-qu'on a des craintes très-graves sur le maintien de la tranquil-lité publique.

— On nous écrit de Perpignan, le 4 août :

»Je vous avais annoncé par ma dernière que les jeunes gens de la haute Catalogne quittaient leurs maisons et marchaient avec armes et bagages ; il paraît qu'on voudrait rendre général le soulèvement dans cette partie de la province, car des mois-sonneurs ont été sommés de quitter les travaux de la récolte pour se rendre aux différens lieux de rendez-vous. On donne trente sous aux jeunes gens, et quarante aux hommes mariés ; mais tous les efforts paraissent être ceux des agon'sans, et des bandes qui refluent dans ce moment sur les communes limitro-phes de nos frontières, sont poussées par les troupes du roi qui sont sorties d'Igalada et de Lérida. Les carlistes se sont portés sur Olot, Ripoll et Campredon ; ces bandes sont com-mandées par Jep dela Estangs Cavalleries, dit *lo Fassé* (le ma-réchal), et Abres, connu sous le nom *del carnice de cosa de la Selve* (le boucher). Cavalleries était lundi dernier, 30 juil-let, à Camp de Vano, à une demi-lieue de Rippoll ; Jep dels Estangs était à Olot, et 400 royalistes de cette ville s'étaient réunis à lui le 31 : trois cents sont entrés à Campredon en criant *vive Charles V ! vivent l'inquisition et les moines !* Le receveur des douanes espagnoles avec sa caisse, quelques employés et les habitans notables de la ville, se sont réfugiés à Manese, village de notre frontière.

» On fait courir le bruit que les royalistes espagnols ont eu avec les troupes du roi d'Espagne, quelques affaires qui ont tourné à l'avantage des royalistes ; on dit même que la division commandée par Abres, qui fut battue le 27 juillet à la Esparra, a enlevé une avant-garde de deuze hommes. Tout cela mérite confirmation ; mais ce qu'il y a de positif, c'est que l'alarme est répandue sur la frontière qui nous avoisine, et que beaucoup de personnes se disposent à revenir en France chercher la tranquillité et le repos que nous ne pouvons leur garantir chez eux, quoique nos troupes y soient stationnaires. »

— On nous écrit de Perpignan, en date du 6 août :

» Les royalistes se sont concentrés à Olot ; ils ont fait un appel aux 15,000 enrôlés qui font partie de leur armée, et qui n'ont pas encore quitté leur domicile.

» Bozorns, connu sous le nom de *Jep dels Estanis*, et commandant le soulèvement de Berga et de Baga, a été nommé capitaine-général de la province, et créé duc de Berga. Il est reconnu en cette double qualité dans toute la haute Catalogne ; il a changé tous les magistrats municipaux ; c'est en son nom qu'ils administrent ; c'est en son nom que sont délivrés tous les passeports et autorisations quelconques.

» Nous n'avons pas encore connaissance des dispositions qui peuvent avoir été prises par les officiers du roi auxquels ont été confiés le commandement et l'administration de cette province. Il faut espérer qu'on ne laissera pas long-temps les malheureux habitans de la Catalogne dans la déplorable position de ne savoir à qui ils doivent obéir, des officiers avoués du roi ou du gouvernement créé par le duc de Berga. »

(Rognures du *Constitutionnel*.)

— Mme la vicomtesse de Reiset rentre en France avec sa famille et partira de Barcelone le 28 du courant. Des postes de cavalerie ont été établis sur la route pour protéger son passage jusqu'à la frontière. Cette mesure ne doit, du reste, inspirer aucune inquiétude sur la sûreté de la route. Les voitures publiques la parcourent sans danger de la part des bandes que l'on rencontre assez souvent. (*Journal de Toulouse du 2 août.*)

(Rognure du *Journal des Débats.*)

— Des lettres reçues hier de Cadix annoncent que la fièvre jaune s'est manifestée dans cette ville. Le bureau de santé a en conséquence soumis à une rigoureuse quarantaine un bâtiment arrivé de Gibraltar.

Les mêmes lettres ajoutent que les troupes françaises en garnison à Cadix ont été mises en cantonnement hors de la ville.

(Rognure du *Journal du Commerce.*)

TROUBLES EN ALLEMAGNE.

L'Angleterre, intelligente et libre, suivra de l'œil sans obstacle la marche des événemens dans tout l'univers; la France, tenue en minorité par trois hommes qui ne sont pas, à tout prendre, les plus grands d'entre nous, ignorera ce qui se passe au-delà de toutes ses frontières : il y aura partout pour elle des Pyrénées.

Mayence, 3 août.

(Correspondance particulière)

Il vient d'éclater sur plusieurs points de l'Allemagne, contre l'autorité administrative, un esprit d'insubordination qui, quelque peu signifiantes que fussent jusqu'à présent les scènes de désordre qu'il a provoquées, mérite pourtant l'attention de l'observateur.

A Brême, un attroupement populaire a eu lieu, à l'effet de retirer des mains de la police un garçon tailleur qui venait d'être arrêté par elle pour avoir demandé l'aumône dans les rues.

A Altona, le châtiment public d'un enfant de quatorze ans, mort le lendemain des suites de la punition, a tellement exaspéré la populace contre l'autorité qui avait ordonné ce châtiment, qu'il en est survenu un soulèvement assez sérieux, et qui a failli coûter la vie au gouverneur de la place, M. le comte de Bleucher-Altona, accouru pour rétablir la tranquillité.

A Francfort-sur-le-Mein enfin, lors d'un incendie qui a occasioné quelque désordre, la populace a délivré de vive force un individu qui, par sa conduite turbulente, venait d'être confiné au corps-de-garde voisin.

Il serait ridicule sans doute de vouloir inférer de la simultanéité de ces faits, arrivés dans des endroits si éloignés, qu'il y eut quelque liaison entre ces échauffourées qui toutes n'étaient qu'accidentelles. Toutefois, l'analogie des faits est trop palpable pour qu'on n'en doive pas inférer une analogie sur les motifs. Il faut attribuer cette résistance au ressentiment commun contre le pouvoir trop illimité de la police. Il est digne de la sollicitude des gouvernemens de surveiller de près les actes d'un pouvoir trop discrétionnaire pour qu'on ne soit pas tenté d'en abuser.

(Rognures du *Constitutionnel.*)

FLOTTE RUSSE.

La France peut se croire le droit d'être tenue au courant du sort des Hellènes. La Charte nous avait promis que nous saurions, comme les anglais, l'état de nos affaires ; et celles des martyrs du Péloponèse, de l'Attique, d'Hydra sont les nôtres. Mais non ! Si la *Gazette universelle de Lyon*, journal officiel de nos juntes apostoliques, comme telle suzeraine de la censure au lieu d'être de ses esclaves, s'égare jusqu'à nous entretenir des secrets desseins du ministère sur ces malheureux enfans de la Grèce, les journaux de Paris ne peuvent transcrire ses nouvelles. L'article qui suit a été retranché au *Journal des Débats.*

» On ignore encore la destination de la flotte russe, partie récemment de Cronstadt, sous les ordres de l'amiral Siniavine, l'un des meilleurs marins de l'Empire; on croyait généralement qu'elle devait se rendre directement dans la Méditerranée; mais cela est fort douteux. Bien des conjectures feraient croire, au contraire, qu'elle n'y paraîtra pas, les Anglais ne pouvant voir sans inquiétude une réunion pareille. Il est bien présumable que le fameux traité publié récemment à Londres, en faveur des Grecs, ne recevra jamais son exécution. (*Gazette de Lyon.*)

(Rognure du *Journal des Débats.*)

Ces derniers mots sont-ils une jactance vaine de notre armée de la foi? Ou bien serait-il vrai que le cabinet de France n'a donné les mains qu'à une sanglante dérision contre un peuple qui se meurt? le temps l'apprendra. Mais je l'avoue, je ne puis croire à cette forme insultante de la cruauté. Je ne puis croire qu'avec M. Canning, les Grecs soient descendus au tombeau. Nos pères ensevelissaient avec les héros leurs armes, leurs chevaux, leurs esclaves, leurs compagnons de guerre. On n'inventa jamais d'ensevelir ainsi une nation tout entière dans le sépulcre d'un homme.

AFFAIRE D'ALGER.

Vous souvient-il, monsieur, des tristes réflexions que je vous soumettais dans une de mes premières lettre sur notre guerre contre le Dey d'Alger? Quand je vis la hauteur inusitée de nos sommations, je fus pris d'effroi. Je reconnus tout de suite que le ministère s'embarquait dans une lâcheté. Il ne pouvait avoir pris un vol si haut que pour exposer notre pavillon jusqu'alors, sans tache à de plus grands affronts, et l'événement ne justifie que trop mes présages. Les ministres ont appris qu'il y avait six cents pièces d'artillerie sur les remparts d'Alger; et aussitôt, ils ont réfléchi que le pirate n'était pas si coupable qu'ils l'avaient cru d'abord. Le *Moniteur* nous a fait part de cette double découverte. On a cependant appareillé une escadre qui est allée recevoir quelques volées de coups de canon pour s'assurer apparemment que ces batteries n'étaient pas de carton, ou de sucre, ou de verre; cette escadre s'est aussi donné la joie de voir les corsaires sortir du port qu'elle bloquait pour courir sur nos navires, puis elle replie ses voiles, et reconnaît, suivant les journaux officiels, l'inutilité d'une station plus longue. Apparemment tous les écumeurs de mer ont appareillé. Le Dey a lieu d'être grandement courroucé de nos bravades altières. Il doit en demander réparation. On ne dit pas lequel de nos ministres ira lui demander pardon, au nom de la France, d'avoir eu l'air de ressentir ses outrages.

Il est triste de penser que d'autres ont su faire justice de ces barbares. Les souvenirs de lord Exmouth sont vivans encore; nos ministres n'en tiennent compte. Il ne s'agit point d'imiter l'Angleterre; à Dieu ne plaise! Il faut lui laisser sa puissance et sa gloire; elle les achète à trop haut prix: elle les achète par de la liberté.

Un autre régime nous attend. L'Angleterre triomphera; nous ignorerons nos revers. L'ignorance équivaut à la victoire :

—«Voici les dernières nouvelles reçues d'Alger: Le dey a fait démolir toutes les fortifications faites à la Cale par les Français. Le vaisseau de 74, *la Provence*, qui était en croisière, va

joindre l'escadre sous les ordres de M. de Rigny; le commandant Collet, chargé du blocus, montera une frégate de 60 canons, et la station sous ses ordres ne sera composée que de
corvettes et de bricks; ainsi l'expédition contre Alger paraît
être ajournée, et se borner à un blocus qui ne sera pas sévère
à l'époque de l'équinoxe. Le dey se montre toujours disposé à
entrer en négociations, pourvu qu'il ne soit pas question de
M. Deval. Un témoin oculaire a rapporté les détails suivans sur
la scène qui a eu lieu entre le consul et le dey. Celui-ci s'était
plaint vivement à M. Deval de la conduite des Bacry, Nicolas
Pleville, enfin de tous ceux qui se sont mêlés des 7 millions
de francs; n'en obtenant pas une réponse satisfaisante, il se
décida à écrire à S. Exc. le baron de Damas, qui ne lui répondit pas. Craignant que sa lettre ne fût pas parvenue à S. Exc.,
il lui en écrivit une seconde par l'intermédiaire du consul de
Sardaigne, qui la fit parvenir à son adresse. Le dey ne rece-
vant pas, aussi promptement qu'il aurait désiré, de réponse à
cette seconde lettre, en fit des reproches à M. Deval. qui lui
répliqua avec arrogance : « Si le ministre du roi de France
» veut bien te répondre, il ne t'écrira pas directement ; ce sera
» par moi que tu recevras sa réponse. » Le dey, choqué d'une
pareille apostrophe, lui jeta, comme on sait, son éventail à
travers le visage, etc... Au reste. le dey continue ses prépa-
ratifs de défense par terre et par mer. Cette guerre, qui ne si-
gnifie rien, fait beaucoup de tort au commerce; il serait à
désirer qu'on la terminât pour nous éviter des dépenses oné-
reuses et inutiles, desquelles nous ne retirerons aucun avantage et nulle satifaction pour l'honneur national.

(Rognure du Journal des Débats.)

— Un journal de Rome (le Notizie del Giorno) s'exprime
de la manière suivante sur le blocus d'Alger :

« Une lettre d'Alger, reçue à Civita-Vecchia, rapporte que,
malgré le blocus, il est sorti de ce port plusieurs petits corsaires qui se sont dirigés, les uns au levant, les autres au
couchant. »

On ne doit pas oublier que le différend qui s'est élevé entre
la régence d'Alger et la France, résulte en partie de l'inter-

vention de notre consul-général pour faire respecter le pavillon du Saint-Père.

(Rognure du Constitutionnel.)

ÉTAT DE L'ITALIE.

Nous n'ignorerons pas seulement nos affaires ; la
France doit ignorer aussi celles du reste du monde.
Nos tuteurs craindront pour notre innocence tous
les voyages. Qu'irait faire notre curiosité dans les
contrées lointaines? Rencontrer sur toutes les mers le
pavillon anglais qui domine et protège ! entendre sur
tous les rivages des vœux et des louanges pour les
droits de la pensée, pour les franchises des nations,
pour la liberté enfin ! Le ciel nous préserve d'entendre de tels noms ! Restons claquemurés dans notre
charte, pour que ces noms funestes n'arrivent jamais
jusqu'à nous.

Les fils de l'Angleterre peuvent parcourir à leur
gré les mers et les continens. Quelles institutions
rencontreront-ils sur leurs pas, qui troublent et
affligent leur orgueil. Sujets de princes qui sont ren-
trés parmi nous en criant liberté, nous ne pouvons
porter les pas au-delà de nos frontières ; car il ne faut
pas que les états libres nous fassent envie, ni que les
états absolus nous dégoûtent de l'oppression. Le Globe,
en publiant sur l'Italie des lettres pleines de naturel
et de sagacité, a mis aux abois la Censure. Ses ciseaux
se sont fatigués, comme on va le voir, sur des passages
où il était dit que les Italiens parlaient avec tendresse
de notre empire, damnables pensées, souvenirs or-
gueilleux, que les commandemens répriment ! Nous

importunons nos ministères de doléances politiques ;
si nous allions encore leur casser la tête de souvenirs
de gloire, tout serait perdu. C'est pour parer à ce mal
que les lois ont consacré la dictature de la pensée.

On retrouvera ici avec intérêt les membres d'un article dont le corps mutilé avait cependant été remarqué du public.

De retour à Milan, disait le *Globe*, l'auteur porte ses lettres
de recommandation.

« Partout un excellent accueil, quoique mêlé d'un peu
de méfiance, et un air de cordialité tempéré par un certain
embarras, voilà ce qui m'a frappé dans ces premières visites.
Deux ou trois fois, j'ai voulu aborder de loin la politique, et
aussitôt la pâleur des visages m'a appris qu'elle n'était pas à
l'ordre du jour; j'ai prononcé le mot « Autrichiens ; » et, à ce
seul mot, toutes les figures se sont rembrunies. Il faut attendre
une plus intime connaissance pour savoir quelque chose sur
l'état d'un pays où parler est un crime et penser un délit. Cependant les basses classes, celles qui n'ont rien à perdre, mettent une grande franchise dans l'expression de leurs opinions ;
et, tandis qu'à la nuit tombante les Autrichiens doivent, dans
toutes les rues, placer des sentinelles de cent pas en cent pas
pour protéger leurs officiers contre la haine populaire, Napoléon et son gouvernement sont hautement loués et hautement
regrettés. Il semble que le souvenir de son despotisme ait disparu en présence de ses durables bienfaits. Demandez à qui
l'on doit ces routes et ces canaux qui partout ont vivifié le commerce et l'industrie ; qui a planté ces magnifiques promenades,
élevé ces arcs de triomphe, bâti ces casernes et ces magasins,
achevé le dôme, et fondé ce vaste musée dans l'ancien palais
des jésuites ?..... C'est Napoléon, toujours Napoléon, et M. de
Metternich n'y est assurément pour rien. En Italie d'ailleurs, la
tyrannie impériale ne peut être autant détestée que chez nous.

Ici son despotisme est venu à point, là un siècle trop tard.
Tous les despotismes au reste ne peuvent se promettre même
cette utilité de circonstance ; et, s'il en était un qui proscrivît

la science fermât les écoles, se montrât envieux du commerce et des arts, qui enfin, ne pensant qu'à dominer plus sûrement, craignît tout, et desséchât tout, il ferait cent fois plus de mal que l'autre n'a pu faire de bien. Lequel des deux règne maintenant en Lombardie ? »

Nous ne parcourrons pas avec l'auteur les rues, les établissemens publics, les églises et les palais de Milan. Entrons pourtant chez le vice-roi.

« C'est là qu'Appiani, célèbre peintre moderne, a peint ses plus belles fresques ; et peu s'en est fallu que l'une d'elles, celle qui représente l'*Apothéose de Napoléon*, ne pérît victime de la restauration. Il y avait sacrilège à effacer un si magnifique ouvrage. D'un autre côté, laisser l'image de l'usurpateur dans le palais du souverain légitime paraissait impossible. Aussi s'est-on long-temps creusé la tête pour sortir de ce dilemme fâcheux. L'un proposait de faire un Mars de Napoléon au moyen d'un léger changement de costume. Mais cette idée frisait encore la sédition. L'autre voulait qu'on remplaçât sa tête par celle de l'empereur François ; un troisième enfin, pensant qu'alors elle ne serait peut-être plus en harmonie avec le corps, demandait seulement qu'on dissimulât le tyran sous une paire de moustaches et de favoris. Ce dernier parti semblait prévaloir, lorsque, heureusement pour ce pauvre Appiani, l'empereur lui-même vint à Milan. On lui soumit l'affaire ; et, après avoir attentivement examiné le portrait de son gendre : « Laissez-le tel qu'il est, dit-il, ce n'est plus aujourd'hui qu'un personnage historique. » Napoléon est donc resté, et Milan n'en appartient pas moins aujourd'hui à la maison d'Autriche. Il y a beaucoup de bon sens dans cette réponse. Au reste, comme il arrive toujours, les valets de l'empereur ne sont point aussi tolérans que lui. En visitant le dôme, j'ai ri plus d'une fois de l'air mystérieux avec lequel notre Cicerone prononçait le nom de Napoléon, en nous montrant ses travaux. On eût dit qu'il craignait que les murailles ne l'entendissent, et n'allassent le reporter jusque dans le palais du vice-roi, tant ses lèvres avaient de peine à laisser échapper les dangereuses syllabes. Est-ce ainsi qu'on le fera oublier ?

4 octobre

C'était aujourd'hui la fête de l'empereur d'Autriche, et jamais anniversaire ne fut plus tristement célébré. Point de
revue, point de distribution de vivres ; rien enfin de ce qui
constitue l'enthousiasme populaire. Mais, en revanche, une
foule d'officiers en uniformes, et, sur les places publiques, un
renfort de canons. Ce soir pourtant la Scala était illuminée ,
et cette vaste salle, sortant de son obscurité, m'a offert un coup
d'œil tout nouveau. Deux cents girandoles de cinq bougies cha-
cune brillaient autour de ses six rangs de loges ; mais ces loges
d'ailleurs, où je croyais voir se presser toutes les beautés milanaises, sont restées désertes. Le parterre même était loin
d'être plein. Cependant la loge de l'empereur était richement
décorée, et, vers huit heures un quart, le vice-roi est venu
y prendre place avec sa jeune et jolie femme, sœur du loyal
prince de Carignan. A peine, malgré les éclatantes fanfares de
l'orchestre, a-t-on paru s'apercevoir de son arrivée. Chacun
est resté bien tranquillement assis, et quand l'illustre couple
s'est incliné pour saluer le public, quinze ou vingt bravos tout
au plus lui ont répondu. Si le silence est la leçon des vice-rois
comme des rois, l'archiduc a dû se retirer fort peu satisfait.
Ce n'est pas qu'il soit personnellement haï, mais on songeait
au système qu'il représente. « Nous nous plaignions des Fran-
» çais, me disait en sortant du spectacle un Milanais qui a pris
» un peu de confiance en moi; et pourtant quelle différence !
» Il fallait combattre avec eux sous les drapeaux d'un insa-
« tiable conquérant ; mais au moins des chefs italiens nous
» commandaient, et personne ne nous ravissait les palmes que
» nous avions conquises. Aujourd'hui nous servons dans des
» rangs étrangers, et sans jamais pouvoir arriver aux grades
» supérieurs. Sous les Français les impôts étaient lourds ; mais
» au moins amélioraient-ils notre propre sol, comme l'attes-
» tent tant de routes, de monumens et de canaux ; à présent,
» nous payons autant, et l'Autriche seule en profite. Il n'est
» pas jusqu'aux shlagues de leurs caporaux que nos maîtres ne
» fassent venir de Vienne. Ajoutez à cela l'instruction décou-
» ragée , l'industrie entravée par d'absurdes réglemens, les

» prisons pleines d'excellens citoyens, et, pour ceux qui sont
» en liberté, mille vexations de tous les jours. La Lombardie
» méritait un autre sort. L'aurore des sciences, des lettres et
» des arts semblait s'être levée pour elle. Elle en renfermait
» tous les germes ; mais ils ont été s'éteindre dans les cachots.
» Ce n'est pas que notre vice-roi soit un méchant homme. S'il
» était grand-duc de Milan, il nous rendrait heureux. Aussi ne
» lui laisse-t-on pas autant de pouvoir qu'à un sous-préfet
« chez vous. C'est à Vienne que tout se fait, à Vienne qu'il faut
» écrire pour les moindres affaires : et presque toujours quand
» la réponse arrive elle ne peut plus être d'aucune utilité. Vous
» connaissez M. M..... C'est, à coup sûr, l'homme le plus in-
» offensif de l'Italie : eh bien ! voilà deux ans qu'il sollicite en
» vain un passeport pour aller à Paris. J'ai moi-même quel-
» ques amis en France dont je désirerais avoir des nouvelles.
» Et pourtant je leur recommande bien de ne pas m'écrire ;
» car une lettre timbrée de Paris suffit ici pour rendre suspect.
» Nous sommes entourés d'espions, et aucun de nous ne sait
» où il couchera demain. Étonnez-vous à présent de la froi-
» deur de la représentation. Les loges étaient vides, dites-
» vous ; il n'est pas une de ces loges qui n'ait un de ses habi-
» tués en prison. »

Il y a peu de société à Milan, surtout depuis quelques années, et la Scala est à peu près le seul centre de réunion. Là,
chaque femme, assise dans sa loge comme sur un trône, reçoit
successivement les hommages de tous les hommes qu'elle connaît. Pour peu qu'elle soit aimable ou à la mode, son salon est
toujours plein, et sauf un ou deux privilégiés, les premiers
venus font place aux derniers. Pour d'autres femmes, une Milanaise n'en voit point, et dans ce pays, où règnent l'amour et
la jalousie, il en doit être ainsi.

Avant l'invasion française, les *cavalieri serventi* étaient encore fort communs ; mais on s'est tant moqué de ces esclaves
des caprices féminins, qu'en général ils ont secoué le joug.
Dans la classe de la noblesse pourtant il en est encore quelques
uns ; mais on les compte, et bientôt la race en sera éteinte, au
grand regret des faiseurs de livres sur l'Italie. Ne croyez pas

pour cela que les Milanaises manquent d'adorateurs. On les aime autrement, et peut-être n'ont-elles pas perdu au change. Elles paraissent d'ailleurs franches, vives, naturelles surtout, et la simplicité de leur toilette ferait sourire nos élégantes de pitié. Dans la classe moyenne, elles se couvrent ordinairement la tête d'un voile noir ou blanc disposé avec grâce. C'est ainsi qu'on les voit le matin parcourir et s'arrêter dans les églises. Les modes françaises sont au reste pour elle le *nec plus ultrà* du bon ton, et de tous les cadeaux aucun ne les flatte plus que quelques paires de souliers de Paris. On dit même que bien peu de vertus résistent à une si puissante tentation. Quant aux hommes, ils s'habillent précisément comme nous. Le frac anglais fera décidément le tour de l'Europe, et c'est une nouvelle preuve du triomphe que partout le commode obtient sur le beau.

Il semble qu'à Milan le luxe s'attache surtout aux équipages. Il y en a de toutes formes et de tout genre. Une voiture est un objet de première nécessité, et l'on se passerait plutôt de dîner que d'aller avant le théâtre se montrer au *Corso*. Aussi cette promenade est-elle aussi brillante qu'Hyde-Park et les Champs-Élysées. Milan renferme d'ailleurs des fortunes colossales. Plusieurs grands seigneurs ont cinq cent mille francs de rente, beaucoup en ont cent mille ; et les cinquante mille ne se comptent pas.

Il faut que tout cet argent se dépense ; et ce qui s'écoulerait chez nous en dîners et en bals va chez eux embellir des maisons de campagne, orner des galeries de tableaux, et enfin remplir des écuries de chevaux amenés d'Angletere à grands frais. Du reste, point de sociétés littéraires, point de cercle où l'on se réunisse pour causer librement. Ce serait un moyen sûr d'offenser le gouvernement. A ses yeux, l'homme qui passe toutes ses journées aux billards, dans les cafés et autres lieux publics, voilà le bon citoyen. Malheur à qui serait connu pour lire ou penser !

Quoique la révolution française ait à Milan, comme ailleurs, confondu les classes et rapproché les distances, la noblesse n'en est pas moins restée séparée du commerce, et, pour être admis dans le *casino dei nobili*, il faut , m'a-t-on dit, prouver quelques quartiers. A ce petit ridicule près, la noblesse milanaise est animée des plus nobles sentimens. On se souvient du rôle qu'elle a joué dans les derniers événemens. Il est vrai qu'il s'agissait plus d'indépendance que de liberté ; mais on ne peut demander que tout se fasse à la fois. L'indépendance !... C'est un bien dont on ne sent le prix que quand on en est privé.

(Rognure du *Globe*.)

THÉATRES.

La monarchie de la Charte ne sera plus , comme celle du cardinal Mazarin et de Louis XV, tempérée à tout le moins par des chansons. S'ils rient, ils parleront , disent les régulateurs de nos libertés ; et ce péril passe leur légalité aussi bien que leur courage. Nous sommes astreints au silence pour nos affaires ; pourquoi ne le serions-nous pas pour nos plaisirs ?

L'Angleterre a d'autres principes. La publicité y constitue le droit commun ; et le directeur de Covent-Garden se soumet à laisser vivre la parole, précisément comme faisait M. Canning, comme feront ses successeurs, comme fait S. M. Georges IV. Dans notre monarchie constitutionnelle, il y a un personnage sacré dont il n'est pas permis aux feuilles publiques d'écrire le nom ; ce personnage s'appelle Guilbert Pixérécourt, directeur de l'Opéra-Comique. Il y a un ordre de transactions sur lesquelles le public ne doit pas élever ses regards ; c'est l'établissement du majorat de l'Odéon au profit de M. de Montgenet . directeur de la Porte-Saint-Martin. Il ne faut pas non plus que l'on sache que M. de Lourdoueix et un employé du plus haut parage se disputent ce fief... Mais que fais-je, monsieur? relever de telles misères, ce serait se rabaisser jusque-là. Veuillez seulement remarquer que, depuis l'éta-blissement de la censure, tous les théâtres sont en révolution. Tous les commis qui sont là des puissan-ces, leurs maîtresses, leurs garçons de bureau ne sont occupés que d'exploiter la *circonstance grave*, et d'en extraire des priviléges, des pots de vin, des do-minations, aux dépens des plaisirs du public et des progrès des arts. C'est la honte des hontes. Avez-vous oui dire qu'en Angleterre l'*habeas corpus* ait jamais été suspendu, et la constitution de l'empire re-mise en question à cette fin que des coups d'état pussent être frappés aisément dans l'ombre des cou-lisses?

Graces à ces grandes combinaisons, tous les talens disparaissent, un à un ou en masse, de la scène. Les rô-les ne sont plus que doublés. Les médiocrités sont au pinacle. Voilà les histrions de la politique rassurés sur la concurrence. Le monde des plaisirs est à l'unis-son du monde des affaires.

Théatre de la Gaieté.—Des raisons, qu'il nous serait peut-être interdit d'expliquer au public, ayant empêché hier l'inser-tion de l'article que nous avions préparé sur la première repré-sentation du *Rôdeur*, au théâtre de la Gaieté, nous nous bor-nons à annoncer que ce mélodrame a réussi.

Opéra-Comique. —Les amis des lettres et des beaux-arts se flattent qu'il sera permis à M. Sauvage, non-seulement de don-ner des opéras traduits, mais encore de représenter les ou-vrages des compositeurs français; en un mot, que l'Odéon sera un second théâtre de l'Opéra-Comique, comme il est déjà se-cond Théâtre-Français. Quand on voit le monopole de l'Opé-

ra-Comique exploité d'une manière si déplorable par M. Guilbert de Pixérécourt, un tel désir est bien naturel.

(Rognures du *Journal des Débats*.)

Opéra. — L'Olympe de la rue Le Pelletier est en émoi; une
grande révolution se prépare à l'Opéra, et il n'est question de
rien moins, dit-on, que de confier à une entreprise particulière la gestion de l'Académie royale de musique et de l'Opéra-
Italien, qui administrerait les deux théâtres à ses risques et périls. On ajoute même que l'affaire est déjà conclue, et que le
directeur actuel, M. Lubbert, réuni à M. Comte, a traité avec
le gouvernement, qui lui accorde une subvention annuelle de
sept cent mille fr., au moyen de laquelle il se charge, pour un
temps déterminé, de gérer, comme il l'entendra, les deux spec-
tacles, lesquels se trouveraient ainsi détachés de la direction générale des beaux-arts.

On croit que cette révolution théâtrale amènera beaucoup de
modifications, et on cite des rois, des princesses, des dieux,
des nymphes, qui doivent être condamnés à la retraite.

Il convient d'attendre des résultats avant de se prononcer
sur le mérite et l'opportunité d'une pareille mesure.

(Rognure du *Constitutionnel*.)

— M. Crosnier, administrateur du théâtre de la Porte-Saint-
Martin, sous M. de Montgenet, directeur, nous adresse la lettre
suivante :

« Monsieur,

» Il m'importe de déclarer que je n'ai pas voulu faire partie
de la nouvelle direction du théâtre royal de l'Odéon, et que je
je regarde comme un devoir de ne pas séparer ma cause de celle
du théâtre de la Porte-Saint-Martin. Veuillez, je vous prie, in-
sérer ma lettre dans un de vos prochains numéros.

» Je suis, etc.

» F. Crosnier. »

Paris, 5 août 1827.

(Rognure du *Journal des Débats*.)

CORRESPONDANCE.

Je reçois la lettre suivante que je crois devoir publier, en l'abrégeant, sans exprimer toutefois une opinion relativement aux faits qu'elle contient : les circonstances et les personnes me sont également inconnues. Mais lorsque le pays est affligé de la censure, toutes les voies de la publicité doivent être ouvertes avec empressement à quiconque en réclame le bienfait.

SUR LA COMÉDIE FRANÇAISE.

Paris, 13 août.

Monsieur,

Le théâtre de l'Opéra-Comique n'est pas seul victime du despotisme administratif que vous signalez. Il pèse de toute sa force sur le premier théâtre de la nation. C'est particulièrement sur la Comédie-Française, sur ce sanctuaire de notre littérature dramatique que sont dirigés ses coups. Portés dans l'ombre avec plus de ménagement et d'adresse, ils font moins de bruit ;... mais chaque jour l'édifice qu'ils ébranlent voit une pierre se détacher de ses fondemens ; et l'on apprendra ses dangers en même temps que sa ruine.

La tragédie surtout qui reproduit les leçons de l'histoire, qui est susceptible d'exercer sur l'esprit public une si grande influence, semble être proscrite de son dernier refuge pour faire place aux héros de roman et aux sujets imaginaires. On profite de la perte de Talma pour lui donner le dernier coup ; et au lieu de rallier les élémens de succès qui lui restent, on en écarte et les auteurs et les acteurs qui pourraient un jour la faire refleurir. La censure s'est chargée des premiers, un homme des seconds.

Ces considérations seront développées dans un mémoire que je me propose de publier. J'aurai l'honneur de vous communiquer incessamment quelques détails sur ce qui me concerne.

En attendant, je me bornerai à vous faire savoir qu'après deux années d'épreuves et de sacrifices passées à la Comédie-Française dans l'espoir que des conventions sacrées m'en feraient recueillir le fruit, je me vois contraint à la quitter. Blessé de la manière la plus cruelle et la plus perfide dans mon amour-propre et dans mes intérêts, dépouillé de mon état que je ne peux pas exercer en province, où la tragédie n'existe plus, je n'ai d'autre parti à prendre que de signaler aux tribunaux les actes arbitraires, les persécutions astucieuses dont on me rend victime. Ils jugeront si les divers traités *provisoires* passés entre nous n'entraînent pas l'obligation d'une admission *définitive*, si, ayant satisfait à toutes les conditions requises, je n'ai pas droit de participer aux avantages accoutumés, si les engagemens pris envers un comédien ont moins de valeur que ceux qui regardent les autres citoyens, si enfin le *bon plaisir* du commissaire du roi est une loi qui peut décider de ma fortune, de ma considération et de mon existence.

Agréez l'hommage, etc.....

Pierre Victor.

Sur le collége de Pont-le-Voy.

Un vieux collége vient encore de tomber. Il a le sort de l'école Normale, de l'école de Châlons, de dix mille écoles d'enseignement mutuel, le sort qui menaça Sorèze! L'Angleterre voit de toutes parts germer et grandir les établissemens d'instruction publiques; les grands chemins en sont semés; les riches seigneurs emploient leur fortune, les pauvres gens leur cotisation journalière à élever ces forteresses de la civilisation, ces citadelles de la puissance et de la moralité publiques..... nous avons en France d'autres soins.

C'est que les deux monarchies constitutionnelles n'ont pas les mêmes fondemens ni la même destinée.

L'une a pour ressort la publicité, l'autre le silence ;
l'une a pour principe la confiance publique, l'autre
met l'opinion à néant. Celle-ci a pour but l'étouffement ; celle-là le progrès, la grandeur, la gloire.

Toutes deux ont cela de commun, qu'une grande
Charte les régit. Mais, ici sont quinze millions d'hommes qu'on respecte ; là, trente-deux millions d'hommes qu'on bafoue : voilà la différence.

Si les faits contenus dans la lettre ci-jointe, sont
inexacts, ils seront démentis.

Monsieur,

Courageux défenseur de nos libertés et de nos droits, vous
dénoncez fréquemment les méfaits ministériels ; vos écrits
retentissent dans toute la France, et apprennent à nos provinces que si la presse périodique n'est pas libre, assez d'autres
voix s'élèveront pour nous défendre. On me communique des
documens assez précieux pour l'histoire du moment, et je ne
crois pas pouvoir en faire un meilleur usage que de vous les
adresser, en vous en garantissant l'authenticité.

Les journaux nous ont appris que le collège de Pont-le-Voy
était fermé, mais aucun n'en a donné les motifs : la censure
est là ! Le ministère, ayant fait l'impossible pour décider
M. Sarrut, directeur, à vendre son établissement aux Jésuites
et n'ayant pu l'y décider, lui a enlevé son diplôme. Tous les
enfans ont été renvoyés dans leur famille avec la circulaire ci-
après :

Collége de Pont-le-Voy, le 1 août 1827.

Monsieur,

» Des motifs *graves*, entièrement étrangers à mon adminis-
»tration, et qui prennent leur source dans mes relations avec
»l'Université, me forcent de fermer mon établissement. Je
»dois aux pères de famille qui m'ont jusqu'à ce jour honoré de
»leur confiance, de faire un aveu franc de mes principes : je
»me dois à moi-même dans les circonstances critiques sous

»l'empire desquelles je suis placé, de ne pas laisser planer sur
»moi l'odieux soupçon que j'appartiens en *quoi que ce soit* à la
»congrégation qui nous envahit, ou que je lui fais une conces-
»sion que j'appellerais déshonorante.

»J'ai mis tous mes soins à former l'esprit et le cœur des en-
»fans qui m'ont été confiés. J'ai travaillé à préparer des hom-
»mes pour le monde, et non des hommes pour les cloîtres ;
»j'ai dit à mes élèves que la vertu n'était autre chose que le cri
»de la conscience, de l'honneur et de la franchise ; que le vice
»consistait dans la fourberie, dans le mépris de la foi jurée, et
»dans l'oubli des devoirs sociaux qui lient les hommes entre
»eux. J'ai conservé mes disciples étrangers à tous les sentimens
»politiques ; leur ame est restée fermée à la lutte haineuse que
»les passions du jour font naître ; enfin, j'ai formé des chrétiens
»et des Français, c'est-à-dire des hommes pour la religion de
»l'Évangile, et des hommes pour la patrie.

»Voilà mes motifs de consolation, et presque d'orgueil,
»dans le moment actuel ; voilà mes titres à la reconnaissance
»des familles et à l'estime des gens de bien.

»J'ai l'honneur d'être, Monsieur, votre très-humble servi-
»teur, le directeur du collège de Pont-le-Voy,

»GERMAIN SARRUT.

Je ne sais si je ne me trompe, Monsieur, mais il me semble
que cette lettre, modèle de dignité et de concision, est de nature à intéresser vivement le public. Faites-en l'usage que vous
croirez nécessaire, étant prêt à en affirmer le contenu.

Agréez, Monsieur, l'assurance de ma considération la plus
distinguée,

H. DUPUY.

Paris, 10 août 1827.

AVIS IMPORTANT, PLANS DU MINISTÈRE ET SUPERCHERIES ÉLECTORALES.

MONSIEUR,

Je vous préviens qu'il a été décidé dans le conseil du roi,
qu'il fallait en finir, une fois pour toutes, avec les criailleries
des orateurs des deux oppositions. On a d'abord pensé que le

plus sûr moyen pour cela était de n'avoir plus de chambres. M. de Villèle ayant représenté qu'il se faisait fort, s'il y avait des élections générales, que pas un seul candidat de l'une ou de l'autre opposition ne passerait, on a résolu de faire une nombreuse nomination de pairs, et de dissoudre la chambre actuelle des députés.

Voici le principal moyen que le ministère va employer pour qu'il ne sorte de l'urne électorale que des députés selon son cœur. C'est sur la formation de la liste élémentaire du jury qu'il a fondé l'espoir de son succès, qui est infaillible par le machiavélisme de la formation de cette liste. On y porte à présent tous ceux à peu près qui ont concouru aux dernières élections, et l'on pense, avec juste raison, que la plupart des individus qui ont été volontairement ou involontairement omis, ainsi que ceux qui ont acquis des droits à être électeurs depuis lors seulement, ne réclameront pas et négligeront de fournir les pièces justificatives nécessaires pour y être portés. On inscrira d'office sur la liste définitive ceux parmi ces derniers que l'on jugera susceptibles de voter avec docilité.

On pense aussi, et avec plus forte raison encore, que les citoyens qui verront leurs noms sur cette liste, croiront qu'il n'est pas nécessaire qu'ils fournissent les extraits des rôles de 1827 pour justifier de leurs droits que l'administration semble reconnaître d'une manière si explicite ; mais elle ne le fait que pour mieux les endormir et les tromper plus sûrement : lorsque le 30 septembre sera arrivé, les préfets qui, à cette époque, doivent clore la liste, en retrancheront parmi les électeurs indépendans qui n'auront pas fait les justifications nécessaires, qui bon leur semblera, un assez grand nombre pour être sûrs de la majorité dans les collèges électoraux.

C'est ainsi qu'on obtiendra une chambre toute dévouée, et que la servitude sera établie avec le vain simulacre d'un gouvernement représentatif.

Profitez de cet avis, et tâchez de nous faire éviter le joug qu'on nous prépare !

Les conseils que donne cette lettre, doivent être

présens à tous les électeurs du royaume. On ne saurait en révoquer en doute l'importance, si on veut
bien réfléchir sur les lignes suivantes retranchées par
la censure dans ce pays d'élections libres :

— Si un grand événement venait surprendre le pays, les
amis du trône et de la patrie seraient déshérités du droit et du
bonheur de servir le roi et la France de leurs votes, de leur
union, de leurs suffrages. Qu'une considération aussi puissante
l'emporte sur tous les dégoûts, triomphe de toutes les froideurs
comme de toutes les craintes. Qui sait si le moment n'est pas
prochain où le droit d'élection sera mis en activité ? Le roi peut
toujours user de sa prérogative.

(Rognure du *Journal du Commerce.*)

ÉTOUFFEMENT DANS LES PROVINCES, NOBLES EFFORTS DES
CITOYENS.

Je crois utile de publier les fragmens d'une lettre
que je reçois de la petite cité de Normandie où Guil-
laume-le-Conquérant prit naissance. On verra que si
par hasard ce fut l'illustre bâtard qui porta la liberté
en Angleterre, il a laissé derrière lui l'émulation, le
zèle, le courage.

Dans tout ce qu'on va voir des ténèbres profondes
où la censure plonge les provinces de France, nos voisins pourront trouver matière à sourire ; il y a loin de
là au grand jour qui éclaire le plus lointain des comtés,
la plus humble des bourgades d'Angleterre. Mais les
efforts dont on va voir le simple tableau, prouvent
que Dieu nous forma aussi pour ces biens dont la
Grande-Bretagne s'énorgueillit. Puissent toutes les
villes profiter de cet exemple, et, en dépit d'une administration qui semble s'inspirer des muets de l'Asie,
la France égalera bientôt, dans toutes les carrières, le

peuple qui n'a reçu de la fortune que le don de nous devancer !

MONSIEUR,

Mes amis et moi nous ne saurions vous témoigner combien vivement nous avons apprécié votre extrême obligeance à satisfaire à notre demande, èt l'offre de nous aider de tous vos moyens à triompher des obstacles que nous pourrons rencontrer dans l'accomplissement des devoirs que nous imposent les circonstances actuelles Dans l'éloignement où nous sommes de la capitale, aidés seulement de quelques correspondances rares, nous ne savons, maintenant surtout, que ce que la censure veut bien ne pas nous laisser ignorer. Quelques produits de la presse nous sont même étrangers, puisque le Journal de la Librairie n'a pas annoncé une seule brochure politique depuis l'établissement de cette censure. J'ignorais absolument qu'on eût créé à Paris une société pour répandre quelques brochures gratuites dont l'existence même nous était tout-à-fait inconnue. Depuis quelques années nous faisons cependant ici tout ce qui dépend de nous pour ne rester étrangers à rien dé ce que la presse produit de meilleur. Nous avons ouvert deux souscriptions; l'une pour les ouvrages les plus intéressans qui paraissent dans les sciences, les lettres, l'histoire, la philosophie, etc.; elle compte plus de cent souscripteurs. Chaque année, et avec son produit, nous nous sommes procuré plus de 1,000 vol., depuis trois ans qu'elle existe. La seconde est exclusivement destinée aux productions périodiques, indépendamment des feuilles quotidiennes littéraires ou politiques, comme *le Globe*, *le Journal des Débats*, etc., qui n'en font pas partie. Nous lisons les *Revues* américaine, encyclopédique, britannique, la *Bibliothèque de Genève*, le *Bulletin* de M. de Férussac, les *Annales de l'Industrie et des Voyages*, etc. Ces détails peutêtre déplacés, vous prouveront, Monsieur, qu'il ne manque à cette contrée, comme à la plus grande partie de la France, que des circonstances favorables pour s'élever à un certain degré d'importance par la culture des sciences et des lettres;

et que sous une administration bienveillante et protectrice des
sentimens élevés, des intérêts raisonnables et de l'accroisse-
ment des connaissances utiles, le fond de la Normandie s'ef-
forcerait de le disputer en progrès avec les parties de la France
les plus avancées en civilisation.....

POLÉMIQUE.

Les brochures politiques continuent, ainsi qu'on
vient de le voir dans la lettre précédente, d'être religieusement mises à l'index. Cet index est la conséquence directe du principe que, dans les gouvernemens
comme celui de l'Angleterre et le nôtre, la discussion
est le droit des sujets et le besoin du pouvoir.

M. ADRIEN FÉLINE. RÉFLEXIONS SUR LE PROJET DE
NOMMER DE NOUVEAUX PAIRS. — Cet écrit voit le jour;
il mérite d'être lu. La question que l'auteur s'est pro-
posée y est examinée avec logique et sagesse ; je le
recommande, monsieur, à vos méditations.

M. JAL. *Lettre à M. le comte de Corbière.*—Les journaux littéraires ne sont pas, comme on peut croire,
épargnés par la censure. M. Jal publie les rognures de
la Pandore, dans une lettre, dont le style rappelle les
formes de Courier. On y trouve en abondance les
anecdotes piquantes et les traits acérés.

ÉLECTEURS DE ROUEN. L'usage des publications gratuites et des dissertations locales sur les affaires se propage d'une manière remarquable. C'est un des plus
utiles progrès de l'esprit public, un des meilleurs témoignages de la manière rapide dont notre gouvernement s'affermit. Les électeurs de Rouen ont adressé
à leurs collègues de tout le département de la Seine-

Inférieure une brochure pleine de considérations fortes et décisives, pour les déterminer à se faire inscrire sur les listes électorales. C'est un exemple que Rouen méritait de donner : le commerce et l'industrie sont amis des constitutions libres, parce que ces grands intérêts ont besoin d'ordre et de stabilité.

Électeurs du Cher. Une lettre aux électeurs du Cher, courte et véhémente, a été répandue dans ce département. Elle commence par ces mots : « Mes- » sieurs, un horrible complot vous menace ; » et se ter- » mine par ceux-ci : « Électeurs, vous êtes Français. La » patrie, l'honneur, et votre intérêt particulier vous » ordonnent de ne négliger aucune démarche pour être » inscrits sur les listes électorales ! »

M. Vitet. Aide-toi, Dieu t'aidera. — Cet écrit est la première publication d'une société de jeunes hommes qui veulent répandre à leurs frais dans le pays des vérités utiles. Le piquant opuscule, qui est en quelque sorte le prospectus des travaux de l'association, fait voir avec autant d'esprit que de vigueur l'utilité de la censure, en ce qu'elle oblige les citoyens à se faire une liberté achetée par des sacrifices et des efforts, en place de cette liberté tombée du ciel, que donnait le régime de la publicité. L'esprit public ne pouvait être éclairé de plus utiles conseils. L'auteur me pardonnera de l'avoir nommé. L'attachant historien des États de Blois n'a nul motif de désavouer un bon ouvrage et une bonne action.

M. Hyde de Neuville. Inconséquences ministé- rielles. — Cet écrit est une nouvelle publication gra- tuite des *Amis de la liberté de la presse*. La vigueur des hostilités de l'auteur contre le cabinet en fait un écrit piquant ; le nom de M. Hyde de Neuville, un écrit considérable ; l'exposition de ses doctrines un important manifeste. C'est en effet proprement le manifeste de cette opposition nouvelle qui, réunissant dans un même intérêt les débris de tous nos partis anciens, la défense des droits du pays et de ceux du trône, travaille à sauver la religion de ses parasites destructeurs ; la monarchie, de ses infidèles gardiens ; la France, de ses guides téméraires. M. Hyde de Neuville développe, avec l'autorité de son caractère noble et fidèle, la profession de foi de tous ces hommes qui sont religieux comme la déclaration de 1682, libéraux comme la Charte, royalistes comme nos sermens. Cette opposition, c'est la France. Car là se confondent, dans l'imminence d'un danger commun, toutes les opinions et tous les rangs. Et on ne sait ce que l'on doit admirer le plus, d'un pouvoir qui se formalise de semblables doctrines et les combat, ou de ministres qui osent frapper des disgraces du trône de tels serviteurs, de tels adversaires. Des *inconséquences ministérielles*, celle-là est la plus grande.

En voici une autre. On se rappelle les hardies déclarations du *Moniteur* sur la liberté dont les discussions allaient jouir, à l'ombre de la censure. Il provoquait tout venant au combat, et ne demandait que des armes courtoises. Après la transcription d'un article sur les affaires de Portugal, vous n'avez pu, monsieur, ajouter ce qui suit :

Le reste est consacré à la discussion des droits de D. Miguel à la régence ; droits que la feuille officielle déclare légitimes et constitutionnels. On sait que notre silence ne naît point de de notre conviction. Nous n'opposerons aucun argument à ceux du *Moniteur*.

Nous nous contenterons de faire observer qu'une question, traitée il y a trois semaines comme une simple éventualité, semble tout à coup devenue une réalité contre laquelle l'organe habituel du ministère épuise toutes les forces de sa dialectique.

Si le voyage de D. Pèdre en Europe n'est qu'une chimère, le moment est-il bien choisi pour le présenter comme un événement qui récèle *des tempêtes prêtes à désoler les deux mondes?*

Nous croyons que nos lecteurs, comme nous, n'arriveront pas, sans un étonnement mêlé de quelque inquiétude, à la conclusion de la feuille officielle.

(Rognure du Journal des Débats.)

Il est vrai que ces suppressions ne sont pas des inconséquences : les promesses de liberté n'étaient que des railleries. De ceci les preuves abondent.

FAITS.

La censure a interdit la publication des faits qui suivent.

— Tous les élèves de la deuxième division à l'école polytechnique ont été consignés indéfiniment il y a quelques jours.

Il est bon que les parens que cette retenue a privés de voir leurs enfans, en connaissent au moins le motif.

Un ancien militaire, dans le plus grand dénuement, a imaginé de réclamer des secours des élèves de l'école polytechnique. Un d'eux s'est chargé de présenter sa supplique. Une circulaire a été passée dans les salles pour appeler la pitié en faveur de ce malheureux. Cette circulaire a été saisie par un des commandans, et un inspecteur des études, trouvant sans doute que l'action généreuse qui venait à sa connaissance méritait d'être sévèrement punie , a imaginé de priver de sortie indéfiniment toute la division.

Si c'est ainsi que cet inspecteur des études, qui n'est point militaire, et qui occupe une place que devrait remplir un colonel du génie, cherche à faire oublier le titre et le grade qui lui manquent, nous devons plaindre son zèle, qui, dans la circonstance actuelle, ne tend à rien moins qu'à étouffer dans le cœur d'une jeunesse expansive l'un des plus beaux sentimens, celui de la générosité.

(Rognure du *Journal du Commerce.*)

— On lit dans la *Gazette de Lyon*, 6 août : »On donne pour certains les changemens ci-après dans la diplomatie; ils sont occasionnés par la nomination de M. de Saint-Priest à l'ambassade d'Espagne : M. de Fontenay, actuellement premier secrétaire d'ambassade en Russie, serait nommé ministre de France à Stuttgard, en remplacement de M. Georges de Caraman, qui serait envoyé à Dresde; M. de la Moussaye, ministre à Munich, remplacerait M. d'Agoult auprès de la cour des Pays-Bas. On sait que M. d'Agoult doit remplacer M. de Saint-Priest à Berlin.

— M. Barbé, colonel du 5ᵉ régiment de ligne en garnison à Grenoble, vient d'être rayé des contrôles de l'armée active. C'est un brave militaire qui sert son pays depuis trente-cinq ans. Sa bonne conduite et sa valeur l'avaient élevé au rang qu'il occupait. Les regrets des chefs et des soldats de son corps l'accompagnent dans sa retraite. Ils ont adouci l'amertume de son chagrin par mille attentions délicates. Encore, le 29 juillet, on entendit sous ses fenêtres une musique guerrière, admirable sous le rapport du talent des artistes, mais autrement touchante par le sentiment d'affection et d'intérêt qu'elle exprimait. C'est, dit-on, M. le marquis de Boissac qui remplace M. Barbé. M. Evrard, le major du régiment, a aussi été renvoyé. Il se rend à Paris. (*Précurseur de Lyon, 7 août.*)

— Le procès d'Ulbach, assassin de la bergère d'Ivry, ayant été réimprimé d'après les articles des journaux, et vendu dans plusieurs rues de Paris et de la banlieue, les vendeurs ont été arrêtés et traduits ce matin devant la police correctionnelle pour colportage illicite. Un d'eux, remarquable par une longue queue à la Prussienne, genre de coiffure que l'on croyait tout-à-fait oublié, se défendait avec beaucoup d'énergie. « Vous deviez savoir, lui a dit M. le président, que l'on ne pouvait vendre des imprimés sans autorisation. » — « Je croyais, au contraire, a répondu le prévenu, que le roi nous ayant rendu la liberté de la presse, aucune permission n'était nécessaire. » Nous ne pourrions exprimer le mouvement d'hilarité que cette répartie a excité dans l'auditoire. Tous les délinquans ont été condamnés à six jours de prison.

(Rognures du *Journal des Débats*.)

— On nous mande de Damazan, arrondissement d'Aiguillon, département de Lot-et-Garonne :

» Deux estimables pères de famille, aussi réglés dans leurs mœurs que dans la conduite de leurs affaires, jouissant d'une fortune territoriale qui, bien que médiocre, suffisait pour les faire vivre dans l'aisance, viennent de se suicider pour s'affranchir de la misère où ils se trouvaient réduits par l'impossibilité où ils étaient de tirer aucun revenu de leurs biens, d'après la vileté du prix des denrées et la stagnation de toute espèce de commerce. L'un d'eux venait d'avoir ses récoltes saisies pour le paiement de ses contributions, et la veille du jour où il s'est donné la mort, il a laissé une lettre où il déclare ce qui l'a porté à cet acte de désespoir; et l'autre, dans ses derniers entretiens avec ses amis, s'est exprimé de manière à ne permettre aucun doute sur les causes de son suicide. »

Des faits aussi affligeans sont une révélation d'un état de malaise qui doit provoquer la sollicitude des hommes d'état.

— *Le Précurseur* de Lyon annonce l'arrivée à Marseille d'un franciscain, ou dominicain, ou capucin, qui fait quarantaine dans le lazaret. « Il y a, dit ce journal, deux versions sur le compte de ce moine : la première est que, faisant partie de l'aumônerie de l'ambassadeur de France à Constantinople, S. Exc. l'a fait déporter en France pour être envoyé à Rome comme pouvant compromettre l'ambassade par la manière avec laquelle il s'exprimait sur le massacre des Grecs, la conduite du divan et celle des ambassadeurs des puissances chrétiennes, etc.; la seconde est que ce moine, que l'on dit italien, vient dans cette ville pour y être à la tête de la maison des capucins, que l'on y tolère, en attendant qu'ils puissent s'y faire autoriser comme lazaristes. Au reste, le révérend père sortira du lazaret dans quinze jours, et l'on connaîtra positivement alors le motif de son voyage en France. »

— Le voyage du roi dans les départemens du nord procurera à ces départemens un bienfait qui aurait pu, sans cette circonstance, se faire encore attendre long-temps. Un nombre considérable d'ouvriers est occupé depuis quelque temps à réparer les routes que S. M. devra parcourir.

(Rognures du Constitutionnel.)

ESPRIT DE LA CENSURE ; SES BALOURDISES.

— Dans un article que vous avez bien voulu admettre, monsieur, sur le bel ouvrage de M. Guizot, je fournissais la preuve de déloyautés affligeantes dans la politique de Charles Ier. La censure n'a pas jugé les trônes compromis par cette révélation, et elle a bien jugé. Mais en revanche, le paragraphe suivant est tombé sous ses coups :

Transféré de l'île de Wight à Londres pour mourir, il lui semble, en se retrouvant à Windsor, avoir ressaisi le sceptre de ses pères. Il lui faut l'éloignement de ses officiers, l'abolition des formalités de son repas, pour que le malheureux monarque croie enfin à sa destinée. La révolution de l'Angleterre s'était déroulée sous ses regards sans qu'il pût la comprendre : une révolution d'étiquette est seule expressive pour lui. Sans sujets et sans royaume, il était roi ; sans chambellan, il sent qu'il ne l'est plus ; ou plutôt il le redevient alors par la première des grandeurs, celle de l'homme, celle du chrétien aux prises avec le crime et l'infortune. Comme notre bon et saint roi Louis XVI, il n'a jamais tant régné que sur l'échafaud.

— Dans un article sur le général Foy, je louais l'illustre orateur de ce que, pour lui, la Charte n'avait pas été *une combinaison de parti, un arsenal d'armes offensives contre la royauté, une hypocrisie.* Rayé impitoyablement! L'orthodoxie officielle exige-t-elle donc que l'amour de la liberté soit une hypocrisie, une arme offensive contre le trône, une combinaison perfide et subversive? Lord Castelreagh aurait vécu mille ans qu'il n'aurait pas rêvé l'établissement de la censure, afin de pouvoir en toute liberté donner de telles leçons.

—Le *Constitutionnel* annonçait que, dans un voyage à Lille, M. le comte de Corbière logerait chez M. le receveur général. Ces derniers mots ont disparu. Sans doute M. le comte de Villèle en aurait pris ombrage.

— En rendant compte d'une largesse du roi des Pays - Bas en faveur d'un de nos compatriotes, le même journal s'exprimait ainsi : Cet acte de *la sensibilité et de la* munificence *d'un prince à qui M. de* *** *était étranger,* a reçu à Bruxelles une approbation générale. Les mots et les syllabes que je souligne ont été curieusement biffés. Il ne fallait pas que l'Europe pût croire le roi des Pays-Bas étranger à un Français! En accordant à ce monarque de la munificence, il ne fallait pas lui reconnaître de la sensibilité! Qui sait quels intérêts puissants ne périclitaient pas par ce seul mot? Ombre de Canning, voilà pourtant les hommes que vous avez marqués de vos mépris!

— Le *Constitutionnel* encore, parlant des tragédies de Corneille, croyait y voir une secrète lutte contre *l'injuste* pouvoir *d'un prêtre,* Richelieu. Deux mots sur quatre ont été condamnés par les commissaires du tribunal secret. Le public français ignorera que le grand cardinal fut un membre de l'église, et on ne soupçonnera point l'équité de son gouvernement.

Décidément le génie de l'illustre ministre revit dans ses successeurs ; ils ont autant d'habileté à faire tomber les syllabes pernicieuses que lui les têtes. Félicitons-les d'avoir trouvé de dignes coopérateurs dans les *Père Joseph* de la censure.

ESPRIT DU MINISTÈRE, SES MAXIMES ET SES DESSEINS.

L'esprit et la pensée du ministère revivent dans la censure comme dans un miroir. Par les doctrines qu'elle condamne, on sait les doctrines que le cabinet professe. Nous allons voir que ses principes sont aussi loin de ceux du gouvernement anglais, ceux de la monarchie constitutionnelle, que le ciel l'est de la terre.

— Les états libres ne vivent, ne se soutiennent que par la puissance des associations. Telle est l'Angleterre. Dans un long article sur les grandes routes, vous n'avez pu dire qu'une province, qui manque de chemins, en aurait bientôt *s'il lui était permis de se cotiser.*

— Des corporations espagnoles adressent au roi Ferdinand des doléances qui commencent ainsi : «Nous *usons du droit de pétition, et* supplions V. M... » Ces mots soulignés sont effacés du document officiel. Les mots : droit de pétition ont fait dresser les cheveux sur la tête de la censure. Ce n'est pas qu'ils ne soient écrits dans la Charte ; mais la Charte !...

— J'avais dit dans un de vos articles sur l'un de nos hommes d'État : *Tout ce qui atteste la puissance et la vie de nos institutions libres est un hommage pour la royauté qui nous les a données!* Les inquisiteurs ont religieusement biffé cette hérésie.

— La guerre sera faite aux libertés de la France

jusque dans les temps qui ne sont plus, jusque dans les tables des matières où brilleraient les noms des franchises de nos aïeux. La *Revue encyclopédique* avait cru ne pouvoir mieux célébrer une nouvelle édition de l'excellent ouvrage du vénérable président Henrion de Pansey sur l'*Autorité judiciaire en France*, qu'en citant sans commentaires les têtes des chapitres. Deux titres n'ont pu passer au creuset de la censure : ils étaient trop gros d'indépendance ; ils auraient fait croire à nos fils que nous ne fûmes pas dans les temps anciens des troupeaux humblement courbés sous la houlette du despotisme. Ces titres, les voici : *Du parlement, et de sa participation à la puissance législative. Du droit de faire des remontrances sur les lois qui lui étaient adressées, et des lits de justice.*

— Un député du Brésil avait dit que le *système constitutionnel devait faire le tour du monde.* La censure a préservé la France de la Charte de ce fatal présage.

— Il n'est pas permis de louer le chef d'une monarchie représentative d'être sincère dans son affection pour les lois qu'il a données. Ce serait d'un mauvais exemple. La suppression que voici est digne de mémoire :

Il paraîtra sous peu de jours un ouvrage qui, dans les circonstances actuelles, doit inspirer un vif intérêt ; c'est la correspondance de l'empereur du Brésil, don Pedro, avec le feu roi de Portugal, don Jean VI, son père, durant les troubles du Brésil. Nous avons parcouru rapidement plusieurs lettres de ce jeune prince, et nous y avons remarqué les passages suivans :

«Le peuple brésilien est véritablement constitutionnel ; ce que je prise au-delà de toute expression, parce que jamais je

ne voudrais gouverner un peuple qui n'aimerait pas sincère-
ment la constitution. Je crois qu'une constitution fait le bonheur d'un peuple ; mais je crois encore plus qu'elle fait la fortune d'un roi et d'un gouvernement. Si le peuple est malheureux là où il n'y a pas de constitution, le roi et le gouvernement
le sont encore davantage. Il n'y a que des fripons (*velhacos*),
qui fassent leur profit d'un pareil mode d'administration. »

Une autre lettre, du 15 février 1821, se termine ainsi : « La
vérité seule respire en moi, et, comme il est permis à tout le
monde d'exposer ses sentimens de vive voix ou par écrit, j'en
profite pour m'expliquer librement avec Votre Majesté : je suis
constitutionnel et personne ne l'est plus que moi, mais je ne
suis ni fou ni factieux. »

(Rognures du Constitutionnel.)

Le *Constitutionnel* eût excité tous les applaudissemens des censeurs, si, au lieu de ces citations intem-
pestives, il avait rapporté avec amour ces paroles de
d'Argentré (1) :

« De vray, les monarques n'endurent telles choses
» qu'assemblées de peuple et d'états, que le plus tard
» qu'ils peuvent, pour leur estre cela une grande es-
» pine, et reliques d'ancienne liberté. »

Voilà du vieux français.

Le français d'aujourd'hui est plus méticuleux, et
toutefois nos censeurs moins débonnaires y appli-
quent la hache sans miséricorde.

On a vu ce que ne veut pas le ministère ; c'est le
gouvernement sous lequel nous vivons ; ce sont les garanties dont ce gouvernement se compose, les droits
qui s'y trouvent consacrés. Maintenant sachons ce qu'il
veut :

---

(1) Histoire de la Bretagne, ch IV, p. 22.

— Médire du pouvoir absolu est interdit aux Français. Les censeurs ont biffé ceci :

—Il n'y a que les partisans du pouvoir absolu qui le regardent comme le type de tous les bons gouvernemens, comme l'élément indispensable de la prospérité de tous les peuples.

(Rognure du *Constitutionnel.*)

— Le gouvernement espagnol étant une diffamation permanente contre le despotisme, si on dit que l'institution des volontaires royalistes est incompatible avec le gouvernement *absolu* de S. M. Catholique, l'épithète est supprimée. On craindrait que cet exemple ne gâtât l'utopie pour les Français.

— Et desire-t-on savoir quel ressort l'administration rêve pour le despotisme dont elle caresse l'espérance ? Il n'est pas permis, dans le temps et dans le pays où nous sommes, d'écrire ceci au milieu de détails nombreux sur les mœurs et la statistique de Mexico : « Plusieurs causes s'opposent aux progrès de la civilisation. *La superstition y est portée au plus haut degré. J'ai cru remarquer cependant depuis deux mois quelques changemens....* » Curieuse naïveté des Baziles du pouvoir ! Médire de la superstition est défendu, aussi bien qu'accuser le despotisme, et il n'est pas davantage licite de se réjouir de ses revers.

PREUVE DE TOUT CE QUI PRÉCÈDE.

Voici une suppression qui passe tout. On ne saurait trop la lire et la méditer. Les biens qu'on peut enfanter, chérir, propager en Angleterre, en France on ne peut les raconter. Comme l'aristocratie anglaise fait usage de la liberté publique pour créer du bien-être, des richesses, des mœurs, en donnant aux classes inférieures l'instruction qui est pour elles en quelque sorte des bras et une conscience de plus, ainsi le despotisme qu'on nous réserve ferait usage de sa puissance pour contester à l'intelligence et à l'ame du peuple les secours qui font son aisance et sa moralité !

HEUREUSE INFLUENCE DE L'ENSEIGNEMENT INDUSTRIEL.

Au moment où nous allons examiner avec intérêt, au Louvre, les produits de l'industrie nationale, et payer à nos grands manufacturiers le tribut d'hommages qu'ils méritent, il n'est peut-être pas hors de propos d'entretenir nos lecteurs de ces humbles ouvriers qui ont rarement leur part des applaudissemens publics, et de faire entrevoir le rang honorable où ils ne manqueraient pas de s'élever s'ils trouvaient dans la sollicitude du gouvernement et dans le zèle des principaux citoyens des encouragemens propres à les arracher aux inconvéniens d'une industrie purement mécanique et manuelle.

Tout a été dit sur les bienfaits de l'enseignement populaire. Les démonstrations irrécusables de la statistique ont imposé silence aux déclamations et aux sophismes. Ceux même qui voudraient enchainer les classes laborieuses de la société dans une complète ignorance n'ont garde d'argumenter en faveur de leur système. Conséquens avec eux-mêmes, ils fuient l'examen et la discussion ; ils se bornent à conspirer tout bas contre les progrès de l'instruction générale. Dispensés désormais de discuter avec des adversaires qui leur laissent gain de cause, les amis de la civilisation et des lumières n'ont plus qu'à enregistrer les faits et les exemples qui témoignent en faveur de leurs théories, qui attestent leurs succès et leurs conquêtes. Pourquoi nous faut-il presque toujours emprunter à un autre pays que le nôtre la matière de ces pacifiques bulletins ? Nos lecteurs verront sans doute avec intérêt l'extrait suivant du récit que renferme le *Glasgow mechanic's magazine*.

(55)

Condie, simple ouvrier, natif d'Esglesham, village d'Écosse, suivit, à Glasgow, les cours du savant docteur Ure, dans l'institution d'Anderson, consacrée à l'enseignement des sciences technologiques pour les ouvriers. Ses progrès furent tellement rapides qu'en peu d'années il passa des bancs sur la chaire. Il était professeur à l'institution d'Anderson, lorsqu'en 1826 il alla revoir son pays natal.

Son exemple inspire une noble émulation aux anciens compagnons de ses jeux et de ses travaux manuels : eux aussi ils veulent participer aux bienfaits de l'instruction. La plupart des ouvriers du village mettent en commun leurs ressources pour former une institution mécanique : le ministre de la paroisse et plusieurs riches habitans du canton s'empressent de leur offrir des conseils et de généreuses subventions. Condie s'engage à faire une fois la semaine un cours gratuit de chimie et de physique ; ses leçons, toutes improvisées, ont porté leurs fruits ; elles ont fécondé au-delà de toute croyance un sol jusqu'alors inculte : souvent ses disciples oubliaient comme lui les heures de la nuit au pied de sa chaire : la plupart du temps son cours se prolongeait jusqu'à minuit. Sa dernière leçon avait attiré dans le village plus de 500 personnes. Ses élèves lui ont offert une tabatière d'argent en témoignage de leur reconnaissance.

D'autres hommages l'attendaient à Glascow, où il revint le 10 mars 1826 : les nombreux disciples qu'il y avait laissés lui décernèrent, par les mains du docteur Ure, une fort belle montre d'or, avec cette inscription : *Présenté à John Condie, par les membres de l'institution Anderson, comme une marque de leur respect. Glascow, 1826.*

En agréant cette montre d'honneur, Condie répondit à l'allocution flatteuse du docteur Ure par un discours dans lequel on remarque les passages suivans : « Ce qui fera l'honneur de ma »vie, ce qui m'inspirera le plus de fierté, ce sera d'avoir tra- »vaillé comme ouvrier à fabriquer les appareils de l'institution, »ce sera de pouvoir me dire que, pendant que je maniais le »marteau et la lime pour servir la science, elle ne dédaignait »pas d'initier le plus humble des enfans du travail, et qu'en

»consacrant mes heures et mes fatigues à son service, je puisais
»plus qu'un autre à la source la plus pure des connaissances...
»Il ne vous eût pas été possible de faire un don plus précieux à
»celui qui, dès le commencement de ses études, s'appliqua à
»la mesure du temps : mais si le présent que vous m'avez dé-
»cerné, tout inappréciable qu'il est pour mon cœur, me rap-
»pelle sans cesse la valeur de chacun des instans de la vie, il
»me rappelle encore davantage la générosité avec laquelle vous
»avez récompensé des travaux qui m'étaient commandés par le
»devoir. »

Après un tel exposé, il n'est pas besoin de commentaire ;
heureux le pays où le gouvernement favorise de pareils établissemens, et où ces établissemens produisent de tels hommes !
Ce serait faire injure au sens commun que d'insister sur les
avantages qu'y trouve la société, la morale et la religion.
Certes, la population d'Esglesham a dû s'enrichir en citoyens
honnêtes et utiles et en bons pères de famille, et nous parie-
rions que les membres du jury de l'endroit auront moins de
verdicts à rendre que par le passé.

(Rognure du Courrier Français.)

CONCLUSION.

Nous savons ce qu'ambitionne la coterie qui tient
en main les affaires. Nous le savons mieux que par
des aveux et des professions de foi ; car ses paroles,
on ne les croirait pas.

Tout se tient dans ce système où on ne croit voir
d'abord qu'inconséquence et désordre. Ils sont inha-
biles, mais passionnés et opiniâtres. Enchaînés au
char d'une faction qui les accable, on ne mit jamais
plus d'entêtement que dans leur servitude.

C'est que là est leur nature. M. de Villèle est toujours le gentilhomme de campagne qui protesta contre

la Charte. Il n'a pas pu s'acclimater à ses intérêts et à ses maximes, même en élisant domicile à la tribune, au ministère et à la Bourse.

Quand on fauche les talens de nos théâtres comme ceux de nos académies, quand on renverse les écoles, quand on proscrit des feuilles du jour toutes les idées nouvelles, quand on trie la médiocrité pour lui livrer la puissance, quand on recommande la superstition à nos prières, et qu'on interdit l'instruction à notre émulation et à nos louanges, on est conséquent. La civilisation mène à la liberté, et la liberté à la civilisation, cercle-vicieux admirable, qui renferme tous les trésors de ce monde, et tous les bienfaits de la Providence. Il ne faut pas des intelligences cultivées, des ames pleines d'une foi haute et pure, pour mettre le bât du pouvoir absolu sur le dos de ce bétail qu'on appelle les nations.

Ainsi, c'est bien en sens inverse de l'Angleterre qu'on prétend nous mener. Elle anoblit, nous abrutirons; elle réforme, nous corrigerons pour dépraver; elle élève, nous devons abattre; elle embellit, nous voulons dégrader; elle propage le savoir et les richesses, qui enfantent l'ordre et la sagesse, nous redouterons ces biens; elle appelle l'opinion au pouvoir, nous tiendrons l'opinion muette et enchaînée. Nous demanderons le silence comme elle demandera la publicité; enfin, nous aurons soin que rien ne se ressemble entre les deux empires, et ce vœu ne sera que trop rempli; car avec la liberté disparaissent la prospérité, la puissance, la gloire!

Comme deux fleuves jaillissant d'une source commune, se tracent des lits contraires, se fuient et portent à des mers opposées le tribut de leurs eaux, ainsi feraient les deux nations rivales. Mais les fleuves ne se rencontrent et ne se combattent pas; les peuples se voient, se mesurent de l'œil, s'entrechoquent, s'exterminent.

L'Angleterre ne peut pas se passer d'alliés sur le continent. Quand elle lutte contre les démagogues, point de difficultés : elle a tout le nord.

Quand elle tient tête aux réacteurs, elle est seule, si la France lui échappe; on doit donc s'attendre qu'elle fera tout pour avoir l'adhésion de la France, coûte que coûte.

Il y a là tout un nouvel ordre de considérations et de dangers dont notre légèreté ne mesure point l'étendue. On apercevra trop tard l'abîme, et alors on cherchera en vain M. Canning pour s'attacher à cette dernière branche de salut. Il n'y aura, dans le nouveau ministère, plus d'hommes à transactions.

Ceci vaut la peine qu'on y songe. Il serait temps peut-être qu'on s'occupât de créer une autre popularité parmi nous que celle des ministres anglais. C'est assez d'une médaille frappée en l'honneur du roi d'Angleterre ; n'instruisez pas nos enfans à lui élever des statues.

Il semble que la mort ne devrait pas frapper en vain de ces grands coups qui changent en un jour la scène du monde. Nous sommes tous fragiles et mortels. Ministres du roi de France, n'avez-vous pas l'ame troublée des pompes populaires et royales qui s'apprêtent à Westminster? Ne sentez-vous pas que la puissance n'a point de bien qui vaille l'affection et l'amour des hommes? Rien ne vous dit-il, que mieux vaut avoir été Georges Canning, ministre dans un état libre, et s'acheminer vers la dernière demeure des Chatam au milieu des pleurs de tout un peuple, qu'avoir son cercueil chargé de malédictions, après s'être appelé de son vivant Louis XIV?

Les hommes ne sont pas seuls périssables ; les systèmes, les factions, les monarchies aussi sont fragiles. Y penser de temps à autre est chose pieuse et sage. Or la piété enseigne qu'il ne faut pas abuser de la patience divine ; la sagesse, que c'est avoir affaire à trop forte partie que mettre contre soi la sainteté de la foi jurée, le cœur des Français et la politique de l'Angleterre.

N. A. DE SALVANDY.

Jeudi 16 août 1827.

IMPRIMERIE DE H. FOURNIER
RUE DE SEINE, N. 14.